MIX
Paper from responsible sources
FSC® C084698

Eichborn Verlag
in der Bastei Lübbe AG

Originalausgabe

Konzept/Gestaltung: Bureau Mirko Borsche, München

Einband-/Umschlagmotiv: Armin Smailovic

Druck und Einband: PNB Print Ltd., Silakrogs

Lithographie: repro schmitz AG, Köln (Operator: Katja Risse)

Printed in Latvia
ISBN 978-3-8479-0628-5

5 4 3 2 1

Sie finden uns im Internet unter www.eichborn.de
Bitte beachten Sie auch www.luebbe.de

Dieses Buch entstand in Kooperation mit dem Thalia Theater Hamburg.
Wir danken für die gute Zusammenarbeit.

DEM HASS-
DIENET
STRASSEN

Im Lauf dieser Sommerwochen und -monate bemerkte George überall ringsum die Merkmale der Zersetzung und des Schiffbruchs eines großen Geistes. Die giftigen Ausstrahlungen von Unterdrückung, Verfolgung und Angst verpesteten die Luft wie ansteckende Miasmen und besudelten, verseuchten und vernichteten das Leben aller Menschen, die George kannte.

Thomas Wolfe: Es führt kein Weg zurück

W
So
au
ge
sk

W
Da
so

W
La
wo

Ab
An
Ic
Ic

Do
ih
wa
ist

Is
m
Ic
sc
Ja
vo
ka

Was ist das für eine Reise, die ihr macht, fragt mein Sohn, fünf Jahre alt, am Tag des Aufbruchs. Er sitzt auf meinem blauen Koffer, als würde er ihn erst freigeben, wenn ihn die Antwort zufriedenstellt, ein skeptischer Zöllner.

Wir machen eine Reise durch Deutschland, sage ich. Das ist weit, sagt mein Sohn, warum macht ihr denn so eine weite Reise?

Weil wir Angst haben, müsste ich sagen, um dieses Land und vor diesem Land, und wir wollen wissen, woher sie kommt.

Aber ich will meinem Sohn, fünf Jahre alt, doch keine Angst machen.
Ich wünschte, ich hätte selbst keine Angst.
Ich wünschte, ich wäre er.

Deutschland hat sich verändert, sage ich also zu ihm, es ist nicht mehr so, wie es war, als wir so alt waren wie du, und wir wollen wissen, warum das so ist.

Ist es jetzt schöner oder nicht mehr so schön, fragt mein Sohn.
Ich weiß es nicht, sage ich, wir müssen mal nachschauen.
Ja, sagt mein Sohn, schaut mal nach, und erhebt sich von dem blauen Koffer.
Nicht dass es noch jemand kaputtgemacht hat.

In
Tr
fä
Le

Ist
wi

Be
di
Kl

Ni
Ka
sic

Ni
m

Ic
al
sc

Ic
D
Sc
de
im

In der S-Bahn nach Blankenfelde, auf dem Weg zum Treffpunkt, fällt das Licht aus, als sie in den Tunnel fährt. Sie fährt jetzt *unter Tage*, die Telefone der Leute leuchten wie Grubenlampen.

Ist das dunkel auf einmal, sagt eine Frau, *hoffentlich wird es bald wieder hell.*

Bedeutet das schon etwas? Ist die Frau, die jetzt in dieser S-Bahn steht und sich an die Haltestange klammert, eine Prophetin?

Nicht alles ist ein Zeichen. Aber was ein Zeichen ist, kann ich noch nicht wissen, weil das, wofür es steht, sich verborgen hält: das Land, wie es sein wird.

Nicht dass es noch jemand kaputtgemacht hat, sagt mein Sohn.

Ich schreibe also alles auf, die Summe der Zeichen als eine Schadensliste. Als erstes Kapitel einer Geschichte der Zukunft.

Ich steige aus der S-Bahn, sie fährt dunkel davon, ins Dunkle. Dann treffen wir uns auf einem Parkplatz in Schöneberg, der blaue Koffer wird verstaut. Über der Stadt steht die Sonne wie ein falscher Diamant im Schaufenster.

Wohin fahren wir zuerst, frage ich.
Hinein, sagt mein Freund,
der Fotograf.

Ein Land liegt vor uns, durchzogen von Adern wie das Gesicht eines alten Mannes: 644.000 Kilometer Straße.

Wir werden über Boulevards fahren, auf denen das Land *Amerika* sein möchte und doch nur Düsseldorf ist. Durch Einöden und Ballungsräume, durch Neubausiedlungen, in denen die Häuser Tassen im Regal gleichen, makellos und weiß. Durch vernarbte Altstädte, die immer noch Fliegerbomben ausspeien wie Eulen ein Gewölle. Durch Industriegebiete, die den Menschen nicht mehr zu brauchen scheinen, durch Dörfer, die neben dem Asphalt liegen, als wären sie überfahrene Tiere. Unter Brücken hindurch, auf denen jeder ein Selbstmörder sein kann, an Reihen schlafender Lastwagen vorüber, die dastehen wie im Sandsturm gefangene Karawanen. Durch blau leuchtende Tunnel in Mittelgebirge hinein, über obskure Flüsse, nach denen Eiszeiten benannt sind. *Günz, Würm, Elster, Saale.*
Durch ein Land, das eng ist und weit, voll und einsam. Das reich ist und arm, emsig und müde. Sicher und verletzlich, laut und ängstlich, vernünftig und paranoid. Großzügig und missgünstig, gnädig und roh.

Gegensätze überlagern einander wie in einer Doppelbelichtung.

Wir stehen uns selbst gegenüber. Ein Land im Frieden, ein Land im Krieg.

Wie
Soh

Ich
mei
gesc
Chr
an c
herb
wie
sang
Dar
als r
mic
als f
sche

Ich c
wär

Dar
Abe
ging
hun
das
mit
den
An
Küh
sein
Muh
kön
An r
der
Ber
Tau
dem
tags
nes
mic
mich

Dar
erso
dabe
ich l
den
und
irrte
lang
nen

Wie war denn das Land, als ich so alt war wie mein Sohn?

Ich erinnere mich an die neun anderen Kinder in meiner Schulklasse, an die mit verkrampfter Hand geschriebenen Namen auf den Etiketten ihrer Hefte, *Christian, Sophia, Nora.* An die gewellten Blätter, die an der Korkwand hingen, Tuschezeichnungen von herbstlichen Bäumen und Libellen am Teich, und wie wir *Er hat die ganze Welt in seiner Hand* im Chor sangen, so schief und so arglos.
Daran, wie mir die Lehrerin ihr Beileid aussprach, als meine Großmutter gestorben war, und wie alle mich ansahen, als wäre ich plötzlich unvollständig, als fehlte etwas in meinem Gesicht, der Mund wahrscheinlich, denn ich konnte ja nicht *Danke* sagen.

Ich erinnere mich an meine Angst vor dem Tod, als wäre er ein Dieb gewesen.

Daran, dass wir auf den Feldern spielten, bis es Abendbrot gab und wir dann grußlos auseinandergingen, mit der Fühllosigkeit entfernter Bekannter, hunderte Male, und eines war das letzte Mal, aber das wussten wir nicht. Dass wir *Krieg* spielten und mit Feldsteinen auf Schrotpatronen einschlugen, die den Jägern im Wald aus der Tasche gefallen waren. An den alten Bauern, der weinte, als die beiden Kühe auf den Anhänger gezerrt wurden, es waren seine letzten. Ich erinnere mich an ihr fragendes Muhen und an eine Ahnung davon, was *Zeit* sein könnte.
An meine Milchzähne in dem Porzellandöschen in der Kommode meiner Mutter, an das Insekt im Bernstein an ihrer Kette, die sie nie trug. An den Tauchsieder in der Ledertasche meines Vaters, mit dem er das Wasser erhitzte für die Suppe in der Mittagspause, an die allumfassende Pünktlichkeit seines Lebens. An den großen, wollenen Hund, der mich ansah, wenn ich traurig war, als verstünde er mich: mein bester Freund.

Daran, dass ich einmal eine Fliege mit einem Stock erschlagen wollte, die auf der Fensterscheibe saß, dabei das Glas zerbrach und dann davonlief, so weit ich konnte. An das Osterfeuer auf der Dorfwiese und den Hasen, der im Holz saß, als es entfacht wurde, und der dann wie eine rasende Fackel über das Feld irrte, zwischen den Besuchern hindurch, immer langsamer wurde und schließlich liegen blieb, brennend und schreiend.

Ich erinnere mich, wie ich mit meinem Großvater ein Reitturnier im Fernsehen anschaute an einem Sonntagnachmittag, das Bild plötzlich wechselte und Düsenjäger auf eine Menschenschar herabfielen, in der die Kinder aussahen wie Christian, Sophia, Nora: *Ramstein.*

Aber erinnere ich mich auch daran, dass der Regen sauer war, in dem wir spielten? Daran, dass die Wälder starben? Daran, dass eine radioaktive Wolke auf dem Weg zu uns war, aus dem Osten? An das Geräusch von Geigerzählern in der Sondersendung? An die Aufrüstung? An den Doppelbeschluss? Den Kalten Krieg? Was machten die Soldaten, die in den Scheunen standen, warum versteckten sie ihre Panzer unter Ästen und Laub? Was war das, ein Manöver? Was war das, der *Ernstfall*?

Ich erinnere mich an das Dorf. Aber erinnere ich mich auch an das Land?

> *Es war kleiner als heute, mein Sohn,* hätte ich zu ihm sagen können, *aber das war ich ja auch.*

Wohin fahren wir zuerst?
Wohin fahren wir überhaupt?

644.000 Kilometer Straße, die in einem Wendehammer enden, vor einem Reihenhaus. An Schranken, an Pollern, am Wasser, im Nichts. Lose Enden eines Netzes, das über das Land geworfen ist. 644.000 Kilometer Straße. Es ist ein weiter Weg.

... dass ich zum Beispiel kaum begreife, wie ein junger Mensch sich entschließen kann, ins nächste Dorf zu reiten, ohne zu fürchten, dass – von unglücklichen Zufällen ganz abgesehen – schon die Zeit des gewöhnlichen, glücklich ablaufenden Lebens für einen solchen Ritt bei Weitem nicht hinreicht. Das hat Franz Kafka geschrieben in *Das nächste Dorf.*

Wir haben nur drei Monate.
Schaut mal nach, hat mein Sohn gesagt.
Schaut mal nach.

Der alte Grenzturm steht da wie eine beleidigte Schachfigur, übrig geblieben von einer verlorenen Partie, auf einem staubigen Brett. Hier, an dieser Grenze, die jetzt eine Narbe ist, sind Menschen erschossen worden, beim Versuch, das Land zu verlassen. Was geschieht mit denen, die jetzt versuchen, es zu betreten?

Man sollte schießen, sagt eine Adlige, die gern mächtig wäre, *auch auf Frauen und Kinder.*

Ist das Land schöner oder nicht mehr so schön, hat mein Sohn gefragt.

Es liegt da wie in einem weichen Bett und hat Fieberträume. Ein alter, siechender Monarch, auf dem der Albdruck lastet, und die Gespenster suchen ihn heim. Er langt nach der Pistole auf dem Schränkchen und schießt in die Nacht.

Sind sie jetzt fort, fragt er, die Augen geschlossen.

Bei Würzburg hat ein Siebzehnjähriger in einem Nahverkehrszug mit einer Axt auf fünf Menschen eingeschlagen. *Gott ist groß,* hat er gebrüllt, das ist auf dem Notruf zu hören, dann ist er aus dem Zug gesprungen, in einem Maisfeld haben ihn die Einsatzkräfte erschossen. Die Axt aus dem Baumarkt hielt er noch umklammert, die Axt aus der Gartenabteilung, die dort neben den Harken hängt und den Spaten, *hier hat teuer Hausverbot,* steht am Eingang, und im Obergeschoss gibt es mittwochs Schnitzel für zweineunundneunzig.

Der Heimwerker, der auch dort einkauft, sagt, *jetzt schlagen sie uns mit unseren eigenen Waffen.*

Im Zimmer des Jungen hat die Spurensicherung einen Abschiedsbrief an seinen Vater in Afghanistan gefunden. *Bete für mich,* steht darin, *dass ich in den Himmel komme.* Zur Stunde ringen seine Opfer, vier davon Reisende aus Hongkong, in einem Krankenhaus mit dem Tod.

Im zäh fließenden Verkehr Richtung Hannover rast ein Motorradfahrer über die Standspur. *Wir sind im Krieg,* steht in der Zeitung. Im Radio wird vermeldet, dass es *vereinzelt Tornados* geben werde. Das Thermometer auf den Armaturen zeigt erhöhte Temperatur. Fiebertraum, Fieberwirklichkeit.

Und überall sind *Gespenster.*

Am Grenzübergang nach Österreich, Wochen später, stehen drei Polizisten vor einem großen, weißen Zelt und spähen gen Süden. Von dort kommt der Terror, von dort kommt die Not: das Fremde, die Angst.

Grenzen schützen, stand auf einem Plakat, *Grenzen töten*, auf einem anderen, ich weiß nicht mehr, wo.

In der Raststätte sitzt ein Lastwagenfahrer vor dem Spielautomaten und weint, ohne es zu wissen. Dank moderner Technik ruft ihn jetzt auch, wenn er unterwegs ist, niemand an.

Am Abend flammen im Zelt die Scheinwerfer auf. Der Asphalt liegt da wie ein leerer Gabentisch. Heu-

Angst, die haben wir jetzt

Die Syrer haben sich verdoppelt. Und wir verschwinden. Gell, Charly?

Und Charly macht Männchen.

KIEFERSFELDEN

Am Grenzübergang nach Österreich, Wochen später, stehen drei Polizisten vor einem großen weißen Zelt und spähen gen Süden. Von dort kommt der Terror, von dort kommt die Not: das Fremde, die Angst.

Grenzen schützen, stand auf einem Plakat, *Grenzen töten*, auf einem anderen, ich weiß nicht mehr, wo.

In der Raststätte sitzt ein Lastwagenfahrer vor dem Spielautomaten und weint, ohne es zu wissen. Dank moderner Technik ruft ihn jetzt auch, wenn er unterwegs ist, niemand an.
Am Abend flammen im Zelt die Scheinwerfer auf. Der Asphalt liegt da wie ein leerer Gabentisch. Heute ist niemand gekommen, nichts, kein Terror, keine Not. Ein Schleierfahnder streichelt sein Einsatzfahrzeug, als Dank für die Geduld.

WEIDEN

Weiter nördlich, einige Tage später, wo der Bayerische Wald uns ausspeit. Die Frau und ihr Hund sitzen vor dem Gasthaus, auf der Terrasse am Parkplatz, beide haben einen Teller abgenagter Knochen vor sich, sie warten auf den Abend, die Nachtruhe, darauf, dass wieder ein Tag vorbei ist und ein anderer kommt. Der Hund ist bedrückt, weil die Frau es ist. Er schaut zu ihr auf und kann sie nicht trösten.

Angst und Geld haben wir noch nie gehabt, hat mein Großvater gesagt. Geld haben wir immer noch nicht. Aber Angst, die haben wir jetzt.
Die Syrer haben sich verdoppelt. Und wir verschwinden. Gell, Charly?

Und Charly macht Männchen.

EDEWECHT / RAQQA

Die kleinste Tat, die ihr in ihrer Heimat ausführt, hat ein Sprecher der Terroristen gesagt, *ist uns lieber als die größte Tat bei uns. So wünscht sich jeder von uns, dass er an eurer Stelle wäre, um ihnen Tag und Nacht Leid zuzufügen. Sie zu erschrecken, sodass der Nachbar vor seinem Nachbarn Angst bekommt.*

Doch die Nachbarn, sie sind ja längst gewappnet, ihre Eigenheime sind Trutzburgen, drohend stehen sie einander gegenüber, wie zum Duell.
An das Vogelhaus im Vorgarten hat jemand eine tönerne Abwehrkrähe montiert. Die Meisen sitzen ratlos auf der Wäschespinne.

WESTERLAND

Ich hab zu Hause jetzt 'ne Kamera, sagt der Mann im Ausflugslokal zu seinen Freunden, die hat der Norbert mir eingebaut. Da kann ich die ganze Einfahrt mit einsehen, die kann ich weltweit schwenken mit meinem Telefon.

Die Gesichter der Freunde beginnen zu knirschen.

Und pass auf jetzt, sagt der Mann. Der Hund vom Nachbarn, der pisst mir immer an die Blumenkübel, ich seh die Pfützen, wenn ich von der Arbeit komme. Aber die Sau, hab ich mir mir gedacht, *die Sau erwisch ich.*

Deswegen die Kamera.
Und als ich das nächste Mal den nassen Fleck am Blumenkübel gesehen habe, bin ich sofort rein in mein Arbeitszimmer und habe die Überwachungsbilder ausgewertet. Und was sehe ich da?

Und was siehst du da, sagen die Freunde.

Nix, sagt der Mann.
Alles schwarz, kein Dackel, Kamera kaputt.

Aber an und für sich, sagt er, *ist das eine sinnvolle Erfindung.*

FRANKFURT AM MAIN

Spät abends im Fernsehen. Ein Reporter berichtet aus einer Fußgängerzone, als wäre sie ein Krisengebiet, und gleich danach, auf demselben Sender, steht ein Schlagerstar vor einer Hügellandschaft und preist ihre Schönheit.
Sie tragen die gleiche Funktionsjacke.
Mehr noch. Sie tragen sogar das gleiche Gesicht.

am
n in
ngs-

olle

Um
dies
steh
Fro
sie v
Abe
trete
ange
Hier

Um den Bus mit der Aufschrift *Reisegenuss*, in dem in dieser Nacht die Geflüchteten ins Dorf kommen, stehen die Leute und brüllen Haut ab Durch die Frontscheibe könnten sie einen Jungen sehen, wenn sie wollten, er weint vor Angst.
Aber dann müssten sie ja verstummen und sich betreten zerstreuen. Und was würden sie bloß mit dem angebrochenen Abend anstellen?
Hier ist doch sonst nichts los.

Der Nebel legt sich über den Valtenberg und die Kleinstadt zu seinen Füßen wie der Mantel des Schweigens. In der Unterbringung für Geflüchtete gibt es warmes Wasser von sieben bis zehn und von siebzehn bis zweiundzwanzig Uhr. Die Wäsche hängt im kahlen Hof, vergessen und feucht, eine stille Klage.
An die Wand des Korridors im ersten Stock hat ein Kind mit einem Bleistift vier Menschen gemalt, zwei große, zwei kleine, sie stehen Hand in Hand, darüber scheint eine dürre Sonne.

In Zimmer siebzehn wohnt seit dreizehn Monaten ein junger Kurde. Er ist vor den Terroristen aus dem irakischen Kirkuk geflohen. *Seid willkommen,* sagt er zur Begrüßung und serviert Tee in porösen Tassen.

Ich war Fliesenleger, ich träumte von einer Zukunft mit meiner Verlobten, wir wollten Kinder haben, drei oder vier. Aber das ging nicht in Erfüllung. Die Situation in meiner Heimat war sehr schlecht, ich hatte Angst, enthauptet zu werden, ich musste gehen. Über die Türkei, Griechenland und die Balkanroute nach Deutschland.
Meinen Eltern erzählte ich nichts, ich rief sie erst an, als ich schon in München war. Sie hatten neun Tage nichts von mir gehört. Es war ein schweres Telefonat, aber am Ende sagte mein Vater, *das hast du gut gemacht, mein Sohn.*

Meine Hoffnung war, dass ich ein neues Leben anfangen könnte. In Bayern war es schön, die Menschen waren hilfsbereit, ich wäre gern dort geblieben. Doch ich wurde nach Sachsen verlegt, zuerst nach Bautzen, dann hierher. Hier ist es anders. Hier bin ich nicht willkommen.
Als ich zum ersten Mal durch die Stadt ging, fuhr ein Auto ganz dicht an mich heran, der Fahrer ließ die Scheibe herunter und beschimpfte mich. Ich will die deutsche Sprache unbedingt lernen, wissen Sie, aber was bringt sie mir in solchen Momenten? Ich möchte den Leuten von mir erzählen, aber sie hören nicht zu. Sie hören mir einfach nicht zu. Sie glauben, ich sei ihr Feind.

An einem Abend vor zwei Monaten kam ich vom Supermarkt zurück, ich hatte meine Einkäufe erledigt, da kamen mir auf dem Fußweg vier Männer entgegen, sie schnitten mir den Weg ab. Ich merkte, dass etwas nicht stimmt, ich wollte weglaufen, aber da schlug der eine mir mit der Faust ins Gesicht, ich fiel zu Boden, auf den Bauch.
Dann stachen sie mit einem Messer auf mich ein.
Vier Mal.
Dann traten sie gegen meinen Kopf.
Ich weiß nicht, wie oft.

Als ich wieder aufstehen konnte, war alles voller Blut. Ich lief zurück zur Unterbringung, der Sicherheitsmann rief einen Krankenwagen, ich wurde nach Bautzen gebracht. Ein Arzt versorgte die Wunden und sagte, *geh nach Hause.*

Er steht auf, zieht sein Hemd aus und zeigt seine Narben: zwei am Rücken, eine an der Leiste, eine am Hals.

Wollten diese Männer dich töten, fragen wir.
Ja, sagt der junge Kurde.

Einen von ihnen sehe ich noch immer, wenn ich zum Einkaufen gehe. Er steht da mit seinen Bekannten und lacht. Ich werde sein Gesicht niemals vergessen.

Die Polizisten waren einmal hier, aber sie verstanden nicht, was ich sagen wollte. Es gab keinen Dolmetscher. Sie fuhren wieder davon.

Die schlechten Nachrichten werden jetzt häufiger, wie die Straßenschilder, wenn man sich einer Stadt nähert.

Wohin fahren wir überhaupt?
Hinein.

WIR SIND IM KRIEG

Das steht in der Zeitung, in Buchstaben so groß wie auf dem Grabstein eines bedeutenden Mannes. Es steht in der Zeitung an einem Morgen des Jahres, in dem mein Vater blaue Flecken an den Armen bekommt, vom Blutverdünner, den er jetzt nehmen

ganze Zeit lauert, die Angst, dass mein Vater stirbt.

Da hinten wird der Himmel schon wieder blau, sagt meine Mutter, immer wenn es regnet. Aber dass das nicht stimmt, habe ich schon als Kind gewusst.

Diese Angst, dass mein Vater stirbt, die hat auf mich gewartet, die war schon da, bevor es mich überhaupt gab. Unser beider Leben lang. Seit einem Morgen im April 1945, an dem mein Vater, acht Jahre alt, in seinem Bett liegt, die Kleider vom Tag zuvor noch am Körper, die Knickerbocker, das schmutzige Hemd, in einem Luftschutzkeller, er die Augen aufschlägt und um ihn herum niemand mehr ist.
Sein Vater, den er kaum kennt, ist an der Front im Westen, aber was ist die Front, und was ist der Westen? Zum Hof hin hat das Haus nur ein Fenster, gerade groß genug für sein kleines Gesicht. Er muss auf den Schemel steigen, wenn er sehen will, dass der Vater auch heute nicht heimkehren wird. Was ist der Westen? Was ist die Front?

Und was ist das denn eigentlich: *Krieg*?

Wenn die Sirenen heulen, muss er in den Luftschutzkeller rennen, das weiß er, mehr weiß er nicht. Das

Männer in den Flugzeugen, die in der Nacht Bomben werfen auf die Stadt, das Haus, das Holzpferd, den Luftschutzkeller und das Bett, in dem er liegt, der Junge in den Knickerbockern und dem schmutzigen Hemd, ein Junge, acht Jahre alt? Wo ist die Mutter jetzt, wo ist der Vater? Sind sie tot, oder ist er es? Wozu gibt es Schlaf? Damit er aufwacht und denkt, er hätte den Tod überlebt? Ist es gut oder ist es schlecht, dass es so still ist?

Ich habe Angst, dass mein Vater stirbt, unser beider Leben lang, seit diesem Morgen im April 1945. Die Amerikaner, sie suchen nach versprengten Feinden, in den Ruinen, in den Kellern darunter, die Stadt will nicht kapitulieren, der Volksempfänger tönt noch, von der unermesslichen Geduld des Wahnsinns erfüllt. Der Führer tötet sich übermorgen, es dauert nur mehr Tage, bis sie die Büste aus Holz mit Äxten

WIR SIND IM KRIEG

Das steht in der Zeitung, in Buchstaben so groß wie auf dem Grabstein eines bedeutenden Mannes. Es steht in der Zeitung an einem Morgen des Jahres, in dem mein Vater blaue Flecken an den Armen bekommt, vom Blutverdünner, den er jetzt nehmen muss.
Die Tabletten liegen neben dem ausgespülten Senfglas, aus dem er sein Wasser trinkt und am Sonntag ein halbes Bier. Die Singvögel darauf sind ausgeblichen, Amsel, Drossel, Fink und Star, in einer Schachtel liegen die Tabletten, morgens, mittags, abends, nachts. *Die Pumpe*, sagt er, *die Pumpe ist schwach.* Und auf der Wachstischdecke versucht ein fernöstlich anmutender Fischer, einen Barsch in den Kescher zu wuchten, immer schon, ohne ihn je zu bezwingen, ein Standbild des Kampfes ums Überleben, morgens, mittags, abends, nachts, wir sind im Krieg, die Pumpe ist schwach. *Da hinten wird der Himmel schon wieder blau*, sagt meine Mutter, immer wenn es regnet.

Mein Vater nennt es nicht: *mein Herz.* Er nennt es: *die Pumpe.* Als wäre es ein Gerät, das den Geist aufgibt, gegen das man noch dreimal schlägt, um zu sehen, ob es nicht doch wieder anspringt, und dann lässt man es sein, *Baujahr siebenunddreißig,* sagt er.
Seine Pumpe ist schwach, das steht nicht in der Zeitung, *wir sind im Krieg,* das schon, an einem Morgen des Jahres, in dessen Verlauf seine Arme schließlich ganz blau werden und mich diese Angst befällt, die die ganze Zeit lauert, die Angst, dass mein Vater stirbt.

Da hinten wird der Himmel schon wieder blau, sagt meine Mutter, immer wenn es regnet. Aber dass das nicht stimmt, habe ich schon als Kind gewusst.

Diese Angst, dass mein Vater stirbt, die hat auf mich gewartet, die war schon da, bevor es mich überhaupt gab. Unser beider Leben lang. Seit einem Morgen im April 1945, an dem mein Vater, acht Jahre alt, in seinem Bett liegt, die Kleider vom Tag zuvor noch am Körper, die Knickerbocker, das schmutzige Hemd, in einem Luftschutzkeller, er die Augen aufschlägt und um ihn herum niemand mehr ist.
Sein Vater, den er kaum kennt, ist an der Front im Westen, aber was ist die Front, und was ist der Westen? Zum Hof hin hat das Haus nur ein Fenster, gerade groß genug für sein kleines Gesicht. Er muss auf den Schemel steigen, wenn er sehen will, dass der Vater auch heute nicht heimkehren wird. Was ist der Westen? Was ist die Front?

Und was ist das denn eigentlich: *Krieg?*

Wenn die Sirenen heulen, muss er in den Luftschutzkeller rennen, das weiß er, mehr weiß er nicht. Das Holzpferd, das er geschnitzt hat, aus einem alten Tischbein mit dem stumpfen Messer, und das aussieht wie ein Schwein, liegt jetzt irgendwo da in den Trümmern der Stadt, er hat es fallen lassen im Rennen, *komm, komm, beeil dich, sonst bist du tot.* Die stille Mutter ist alles, was er noch hat, und das ist nicht viel. Wo ist sie jetzt, da er in seinem Bett liegt, warum ist niemand mehr da? Ist er etwa schon tot?

Und was ist das denn eigentlich: *Krieg?*

Da, da hinten muss er sein, der Krieg, der Westen, der Vater, die zusammengewachsen sind zu einer unheilvollen Himmelsrichtung, in der die Sonne untergeht. Da, hinter der Fichte, die sandige Landstraße zum Onkel entlang und noch viel weiter, doch was geht dahinter vor sich, die Häuser ducken sich vor den Schlägen weg, die Wolken sind dunkler als sonst, geht die Sonne überhaupt wieder auf? Und wo ist die Mutter, wo ist die Schürze, an die er sich drücken kann, die nach Gallseife riecht und nach dem, was er für Liebe hält? Wo ist der Vater, der Mann auf dem Bild an der Wand, der an der Kamera vorbeischaut, als sähe er seinen Tod? Wer ist er, warum macht er mit bei diesem Krieg? Und wer sind die Männer in den Flugzeugen, die in der Nacht Bomben werfen auf die Stadt, das Haus, das Holzpferd, den Luftschutzkeller und das Bett, in dem er liegt, der Junge in den Knickerbockern und dem schmutzigen Hemd, ein Junge, acht Jahre alt? Wo ist die Mutter jetzt, wo ist der Vater? Sind sie tot, oder ist er es? Wozu gibt es Schlaf? Damit er aufwacht und denkt, er hätte den Tod überlebt? Ist es gut oder ist es schlecht, dass es so still ist?

Ich habe Angst, dass mein Vater stirbt, unser beider Leben lang, seit diesem Morgen im April 1945. Die Amerikaner, sie suchen nach versprengten Feinden, in den Ruinen, in den Kellern darunter, die Stadt will nicht kapitulieren, der Volksempfänger tönt noch, von der unermesslichen Geduld des Wahnsinns erfüllt. Der Führer tötet sich übermorgen, es dauert nur mehr Tage, bis sie die Büste aus Holz mit Äxten

zerschlagen und sie verfeuern, doch jetzt steht am Treppenabgang ein amerikanischer Soldat, das Gewehr im Anschlag, ein Geräusch des kleinen Jungen, acht Jahre alt, ein Bröckchen nur des Putzes, der auf seine Decke gerieselt ist in der Bombennacht, muss herabfallen, und der Soldat schießt ins Dunkel, *ratta-tatta-tatt,* sagt mein Vater, und dann bist du tot, denke ich, ich werde nie leben, ich bleibe tot, und dann hätte ich überhaupt keine Angst jetzt, *ist das nicht verrückt?*
Tot wie die Nachbarn, die mein kleiner Vater gesehen hat, nach der einen Bombennacht, sie hatten doch gestern noch gegrüßt, jetzt lagen sie auf der Straße, zu Puppen geschmolzen, sagt er.

Wie hält er das aus? Hat er Angst?

Nein, sagt mein Vater, ich war noch so klein, die Angst, die kam erst viel später, ich wusste doch nichts.

So liegt er da, im Bett, und denkt an das Holzpferd, das aussieht wie ein Schwein. Seine Mutter, die sich auch Jahre danach noch fürchten wird, vor dem Lärm, wenn der Trecker die Walze von den Feldern zieht und das Haus bebt, sich vor dem Einschlafen fürchtet, vor dem Aufwachen, vor dem Leben und vor dem Tod, da ist sie ja endlich, sie ist nach oben gelaufen, ans Licht, die schweigende Mutter, jetzt muss sie sprechen. Sie versucht, den Soldaten, der sein Gewehr ins Dunkel hält, vom Schießen abzuhalten, *schießen Sie nicht, bitte, schießen Sie nicht, ein kleiner Junge ist dort unten.*

Bitte schießen Sie nicht, denke ich, mein Vater ist dort unten, er liegt in seinem Bett, ein Bröckchen nur des Putzes, ein Laut nur, mach ja keinen Mucks.

Hattest du wirklich keine Angst, frage ich ihn. Nein, sagt er, ich war doch noch so klein. Und seine Arme mit den blauen Flecken liegen im Schoß, blau vom Blutverdünner, morgens, mittags, abends, nachts, Amsel, Drossel, Fink und Star, alle Jahre wieder, alle.

Der Soldat hat sein Gewehr sinken lassen, er hat nicht auf ihn geschossen, auf den Jungen, acht Jahre alt, da kommt er die Treppe heraufgelaufen aus dem Dunkel, er drückt sich an die Schürze der Mutter, wer war der Mann mit dem Schießgewehr, wo ist der Vater, wann kommt er wieder heim, was ist der Westen, wann besuchen wir den Onkel, warum sind die Wolken dunkler als sonst?

Und was ist das denn eigentlich: *Krieg*?

Auf der Halbinsel Kola, auch das steht in der Zeitung, ganz hinten, wo man nachlesen kann, wann die Welt wirklich untergeht, auf der Halbinsel Kola ist der Milzbrand wieder ausgebrochen. Die Erreger waren im ewigen Frost gefangen, in Leichen und Kadavern, die in flachen Gräbern lagen. Doch jetzt, im wärmsten Sommer der Geschichte, sind sie ins Freie gelangt.

Ist es so auch mit dem Krieg?
Ist es so auch mit der Angst?

Da vorn ist eine Autobahnkirche, sage ich zu meinem Freund, lass uns mal anhalten. Ich möchte *Gott* etwas fragen.

Im Schatten vor dem Sonnenstudio steht ein blasser Mann und wartet auf Kundschaft. Ein Gewitter zieht herauf, Krähen fliegen über den Ortskern hinweg, es ist so warm, dass das rote Licht der Ampel kalt scheint. *Hitzeterror*, steht in der Zeitung.

Beim Griechen an der Durchgangsstraße gibt es einen beleuchteten Brunnen, in dessen Mitte ein tönerner Frosch sitzt und lächelt, als wüsste er mehr als wir.
Der ehemalige Kriegsreporter soll etwas vom Krieg erzählen, in Jugoslawien, Somalia, dem Irak, was heißt es denn, wenn jetzt in der Zeitung steht, *wir sind im Krieg,* aber er bestellt lieber einen Schnaps und dann noch zwei.
Mein Freund, der Fotograf, war mit ihm im Einsatz, vor einem halben Leben, er traf ihn in einem Hotel in Zagreb, *komm mit,* sagte er, *wir fahren an die Front, ich brauche Bilder.* Nach einer Woche war ihr Auto von Kugeln durchsiebt. Den Soldaten an den Grenzposten erzählten sie Witze, um nicht erschossen zu werden.

Haben wir das wirklich erlebt, fragt mein Freund.
Ich fürchte ja, sagt der ehemalige Kriegsreporter.

Seit langer Zeit schon gibt er in der Gemeinde ein Anzeigenblatt heraus, er bewohnt einen Bungalow mit Garten, zu viel Garten, *wer soll denn jetzt den ganzen Rasen mähen*, sagt er, und über den Krieg, *diese Scheiße,* will er überhaupt nicht mehr reden.

Ich will meine Ruhe, erzählt mir lieber was von euch.

Einmal, sagt er nach dem dritten Schnaps, in Sarajevo, auf dem Marktplatz, das muss man sich mal vorstellen, hat es nach Tagen des Hungers wieder Brot gegeben, die Menschen sind auf den Marktplatz gerannt, um einen Laib zu ergattern, dann sind die Granaten eingeschlagen, *swusch, swusch, swusch.*
Als sich der Staub gelegt hatte, waren überall Hirnmasse, Gedärme und Blut, und über den Marktplatz lief ein Franzose, im blauen Anzug und mit Strohhut, als wäre das die Côte d'Azur, *dabei war es die Hölle.*

Die Beleuchtung des Brunnens erlischt, der tönerne Frosch lächelt im Dunkeln, der ehemalige Kriegsreporter zahlt die Rechnung. Als ich hierherkam, sagt er, sollte ich in den Schützenverein eintreten, aber ich habe den Brüdern geantwortet:

Das Gewitter grollt in der Ferne, der blasse Mann leuchtet vor den Wolken wie eine elektrische Grabkerze, er schließt das Sonnenstudio ab und geht nach Hause. Die Bäume sind schwarz von Krähen, es gibt hier einfach zu wenig Bäume für so viele Krähen.

ICH HABE DIE SCHNAUZE VOLL VON WAFFEN, ICH HABE DREI KRIEGE ÜBERLEBT.

11:23:29 REC DATE: 03/17

Woc
ein
eine
Wei
dem
schl
Vor
am
Kro
selb

Die
em I
imm
die Z
alt.
serb

Ich s
Heu
Aus
Ich I
Wer
Ich I
du g

Obw
wir
er w
mer
pass

In e
nich
und
besc
Alts

Wir
Kal
von
war
und
stad

Ich
schr
Wac
stän
sagt

Wochen danach, in einem Kreuzberger Keller, sitzt ein Mann in seinem zerschlissenen Sessel, raucht eine Zigarette und lacht wie einer, der über das Weinen hinaus ist. Leicht erzählt er vom Schweren: dem Krieg in seiner Heimat. Vier Etagen darüber schlafen die Kinder. Sie nennen ihn *Babo. Unser Babo.* Vom Mai 1992 an wurden in seiner Stadt, Prijedor am Kozara-Gebirge, 3.300 bosnische Muslime und Kroaten von der serbischen Armee ermordet. Er selbst entrann dem Tod, sagt er, *ein Dutzend Mal.*

Die Schule, sagt er, war nur hundert Meter von unserem Haus in der Altstadt von Prijedor entfernt, ich lief immer auf den letzten Drücker los. Es war Frühling, die Zeit kurz vor dem Abitur, ich war neunzehn Jahre alt. An jenem Tag stand auf der Brücke plötzlich ein serbischer Soldat und fragte, *wohin willst du?*

Ich sagte, ich will zur Schule.
Heute ist keine Schule, sagte er, zeig mir deinen Ausweis.
Ich hatte keinen bei mir, nur meine Schulhefte.
Wer bist du denn, fragte ich ihn.
Ich bin hier, um die Stadt zu schützen, sagte er, und du gehst jetzt besser nach Hause.

Obwohl in Kroatien schon Krieg herrschte, hatten wir noch immer gedacht, er ist so weit weg von uns, er wird uns nicht treffen. Wir leben doch gut zusammen hier, Serben, Kroaten, Bosniaken, *was soll schon passieren?*

In einem Café traf ich meine Kumpels, die auch nicht in die Schule gehen durften an jenem Morgen, und wir berieten darüber, was jetzt zu tun sei. Wir beschlossen, eine Nachtwache zu bilden, um die Altstadt vor Angriffen der Serben zu schützen.

Wir waren sieben Jungs, wir hatten eine Pistole, eine Kalaschnikow und eine Handgranate, die wir uns von einem Polizeireservisten besorgt hatten. Wir warfen am Abend die Laternen mit Steinen kaputt und postierten uns an den drei Brücken, die zur Altstadt führten.

Ich war für die Handgranate zuständig. Ich hatte schreckliche Angst vor ihr. Mit mir hielt ein Junge Wache, der nicht ganz heile im Kopf war. Er wollte ständig mit der Granate spielen. Gib sie mir mal, sagte er, *gib sie mir doch.*

So verbrachten wir die Nächte. Bei Tage bemerkten wir, dass die Amtsträger der Stadt verschwanden, einer nach dem anderen, die Serben hatten begonnen, sie zu deportieren.

Eines Abends besuchten wir meine Schwester, die damals schon verheiratet war, in ihrer Wohnung in der Neustadt. Wir mussten vor Beginn der Ausgangssperre aufbrechen und bis zum Morgen bleiben, denn nachts durften sich nur noch Soldaten und Polizisten durch die Stadt bewegen.

AN DIESEM ABEND BRACH DER KRIEG AUS.

Bosniaken und Kroaten, eine Truppe von kaum hundert Männern, versuchten, Prijedor zu befreien. Sie griffen über die Altstadt an. Viele meiner Freunde und Nachbarn wurden getötet, einigen gelang es, über den Fluss in die umliegenden Dörfer zu fliehen. Der Angriff wurde zurückgeschlagen, und sofort begannen die Racheaktionen der Serben, Erschießungen, Vergewaltigungen, Deportationen. Wir saßen in der Wohnung meiner Schwester fest, und ich wusste, wenn sie dich hier entdecken, dann halten sie dich für einen der Angreifer, der untergeschlüpft ist, *und erschießen dich.*

Wir waren zu siebt in der Wohnung. Wir schoben Kleiderschränke vor die Tür und warteten. Wir hörten Schießereien auf der Straße. Wir trauten uns nicht, aus dem Fenster zu schauen, und saßen auf dem Boden. So ging das zwei Wochen lang. Dann ging die Nahrung aus.

Nach drei oder vier Tagen Hunger trauten wir uns wieder aus der Wohnung, der Hunger war größer als die Angst vor dem Tod. Weil es auch keinen Strom mehr gab, fingen die Leute aus den umliegenden Häusern an, das Fleisch aus den Kühltruhen, bevor es verdarb, auf Holzfeuern zu braten. Ich habe nie wieder in so kurzer Zeit so viel Fleisch gegessen wie damals im Krieg.

Als auch das Fleisch verbraucht war, gab es fast nichts mehr zu essen. Die Läden waren geplündert, die Bauern kamen immer seltener, um Gemüse zu verkaufen. Manchmal teilten wir uns zu siebt eine Paprika.

Um die Stadt herum hatten die Serben einen Ring von Internierungslagern errichtet, die ich ab einem gewissen Punkt, einem Zustand des Hungers, der Angst, der Erschöpfung und Verzweiflung, tatsächlich für einen lebenswerteren Ort hielt. Wenn man nicht sofort erschossen wurde und es dorthin schaffte, hatte man die erste Runde überlebt, so dachte ich damals. Das war, bevor ich von den Folterungen in diesen Lagern hörte. Bevor ich wirklich verstand, dass eine ethnische Säuberung im Gange war.

Bald fingen die Serben an, die Bosniaken, die sich noch in Prijedor aufhielten, zu enteignen. Man musste ein Formular unterschreiben, das bestätigte, dass man freiwillig auf sein Eigentum verzichtet und die Stadt verlässt. Zugleich sprengten sie die Moscheen der Stadt, in der Nacht hörten wir immer wieder gewaltige Detonationen, die Fensterscheiben zerbarsten.

Das war die letzte Warnung der Serben. *Verlasst die Stadt, ihr habt hier nichts mehr verloren.*

Vor dem alten Hotel stehen am Morgen junge Männer aus Syrien, die nicht wissen, wohin, Boten des Wandels, sie kommen von weit her und sagen, ohne zu sprechen: *Es hat längst schon begonnen, ihr könnt es nicht aufhalten, es tut uns leid.*

Grenzen töten, steht auf dem einen, *Grenzen schützen,* auf dem anderen Plakat.

Eine Greisin zieht ihren leeren Handwagen hinter sich her, sie blickt auf die Fremden und schüttelt den Kopf: *Neee, neee, neee.* Die jungen Männer, sie heben die Hände, als wollten sie zeigen, dass sie keine Waffen tragen.

Auf dem Dorf, hat der ehemalige Kriegsreporter am Abend zuvor gesagt, gibt es fünf Kasten: die Einheimischen, die Zugezogenen, die Spätaussiedler, die Türken, die Flüchtlinge. Einer blickt auf den anderen herab, und bald spucken sie aufeinander.

Heimat ist das einzige, was man überallhin mitnehmen kann, heißt es im Faltblatt eines örtlichen Geldinstituts. Es weht ein heißer Wind durch die Gasse beim Metzger, Ausläufer eines weit entfernten Sturms.

Es ist ein Sommer der Auflösung, in den wir hineinfahren, ein herbstlicher Sommer: *Wir alle fallen.*

Die Windräder rotieren geschäftig, die Lastwagen werden entladen und wieder beladen, es wird geliefert, was bestellt worden ist, auf trächtigen Anhängern, *es geht uns gut, es geht uns sehr, sehr gut.*

Bei strahlend blauem Himmel herrschte reger Betrieb, steht in der Zeitung, *der Schützenkönig schwang das Tanzbein.* Die Leute leben in einem fort, nicht wegzudenken und für den Augenblick unsterblich in ihrer grotesken Vollkommenheit.

Doch so viele von ihnen hat etwas beschlichen, ein Gefühl, als hätten sie sich mit einer vergessenen Krankheit angesteckt, eine Ahnung: dass ihre Gesellschaft kollabieren kann, zusammensinken zu einem Eintrag in den Büchern. Assyrer, Römer, Kelten, jetzt auch Deutsche.

Und wir verschwinden, hat die Frau vor dem Teller mit den abgenagten Knochen gesagt. *Gell, Charly?*
Und nicht zu Unrecht, sagt ein Sprecher der Alternative für Deutschland, *werden in diesen Tagen die Bilder aufgerufen, als die Barbarenstämme den Limes überrannten.*
Die Umvolkung schreite voran, schreibt eine Christdemokratin.

Mit einem Mal scheinen ihnen die soliden Bauwerke, die Sparkassen, die Stadthallen, die Garagen, nur noch die Ausgrabungen der Zukunft zu sein. Ihre Zerstreuungen archaische Bräuche. Und sie selbst namenlose, unter all den Jahren verschüttete Ahnen. Die kommenden Toten.
Wie Sterbende schlagen sie um sich: Sie sind doch das Volk, *verdammt noch mal.* Ihre Angst vor der Zeit wird immer größer, vor der Zeit und vor dem Blut. Vor einem neuen Krieg, ohne Sieger und Front, der im Einkaufszentrum ausbricht, im Fernsehen, im Kopf. Er lauert, war nie fort, läuft über die Flure wie ein Pastor im Spital.
Es riecht nach Fackeln und heißem Atem. Nach Galle und *Miasmen.*

Die Vorsitzende der Alternative für Deutschland liest von ihrem Telefon einen Satz Friedrich Nietzsches ab: *Die Guten,* sagt sie, *sind der Anfang vom Ende.* Dann lächelt sie wie eine siegreiche Ziege.

Wer sind die Schlechten, denen dieses Ende gehören soll, die es ausspielen wollen wie ein günstiges Blatt? Vielleicht sind es nur drei von hundert. Sie reichen hin.

Ein Bürgermeister wird von einem Unbekannten mit einer Latte bewusstlos geschlagen, weil er Geflüchtete in einem Haus im Ortskern unterbringen will. *Eine entsetzliche Vorstellung,* sagt eine Einwohnerin, *dass es einer von uns war.* Da brennt ein Haus, da noch eins, die Flammen greifen über auf die Worte und die Beziehungen. *Geh sterben,* sagt ein Kind zum anderen. Und die Eltern tragen einen Galgen durch die Straßen von Dresden.

Wir sind im Krieg, steht in der Zeitung, am Tag, nachdem in Brüssel Bomben explodierten, am Tag, nachdem meine Tochter Rad fahren lernte.

Der Anfang vom Ende. Wann hört das auf?

Wir alle fallen. Auf der Raststätte Irxleben wirft ein Eichhörnchen Nussschalen von einem Baum, als würde es über uns spotten.

HOYERSWERDA

Der Fassade wurden die Zähne herausgeschlagen. Im letzten Licht des Abends sitzt die Alte am Fenster und liest, die Wohnung hinter ihr ist so dunkel wie ein Grab. Es riecht nach kaltem Rauch und heißer Butter.

Gebt mir einen Keks ab, sagt der Junge auf dem Spielplatz zu den Mädchen, *oder ich schlage euch.*

Am 18. September 1991 griffen hier Rechtsradikale Vietnamesen und Mosambikaner an, die in dem Haus wohnten. Erst warfen sie Steine, dann Brandsätze. Die Nachbarn applaudierten.
Eine endgültige Problemlösung kann nur durch Ausreise der Ausländer geschaffen werden, sagte der Landrat. Am 20. September wurden die Bewohner evakuiert, zu den Flughäfen Berlin und Frankfurt gebracht und abgeschoben.

Kommt zurück, ruft der Junge auf dem Spielplatz, *ich tu euch nichts mehr.*

Nein, sagen die Mädchen, *wir haben Angst vor dir.*

GIESSEN

Über den Zaun des Erstaufnahmelagers wirft eine Frau einen Teddybären, *man muss doch was tun für diese armen Menschen.*
Dann steigt sie in ihr kleines, praktisches Auto und fährt heim, *schnell, schnell*, bevor ihr Mann noch ihre Abwesenheit bemerkt.

HERFORD

Die Häuser entlang der Landstraße bewegen ihre Fenster wie Augen. Sie schauen über uns hinweg, wenn wir vorüberfahren, dann schielen sie uns hinterher, unter den Rollläden hervor, misstrauisch, und spucken aus, durch ihre Türen.
Die sind nicht von hier, sagt Hausnummer drei zu den anderen. *Die sind von auswärts.*

BRAUNSCHWEIG

Am Autohof sitzt ein dicker Mann unterm Sonnenschirm, sein Bauch quillt aus dem Hemd und liegt auf seinem Schoß wie eine weiße, matte Katze. Hinter ihm, hinter der verdorrenden Ligusterhecke, hält ein Mädchen ein Pappschild hoch, auf dem steht in nicht mehr kindlicher und noch nicht erwachsener Schrift: *Berlin*. Sie hält es einem Schwertransporter entgegen, der ein Militärfahrzeug geladen hat, für eine noch ferne, nervöse Armee.

Seid ihr überhaupt sicher, hat Jonathan Littell gefragt, *dass der Krieg vorbei ist?*

Der Mann unterm Sonnenschirm beißt in ein Brötchen, als küsste er seine große Liebe. *Wir befinden uns in einem Kampf, meinetwegen auch in einem Krieg,* sagt die Kanzlerin im Radio. Es geht ein leichter, milder Wind über den Autohof, ein Wind, der nach Benzin riecht.

HAMBURG

Im belebten Straßenlokal hält der Junge sich an seinem Glas fest, als wäre es ein Griff, der ihn sichert, wenn er fällt.

Ich habe so viel Angst gehabt in meinem Leben. Seine Stimme klingt so zart und so schief wie eine verzogene Flöte. *Zu viel Angst.*

Ich war dreizehn Jahre alt, sagt er, als ich Afghanistan verließ. Ich wollte nicht fort von zu Hause, ich wollte bei meiner Mutter bleiben. Ich weinte, aber sie sagte: *Geh nach Europa.*
Heute glaube ich, sie wusste gar nicht, was das ist: *Europa.*

Sie hatte Land verkauft, um die Schlepper zu bezahlen. Wir liefen durch die Wüste in den Iran, wenn ich nicht mehr konnte, wurde ich geschlagen. Die anderen sagten, *lasst ihn, er ist doch noch so klein.* Aber die Schlepper hatten kein Mitleid. Einmal, in den Bergen, wäre ich beinah verdurstet.
Vom Iran wurden wir in die Türkei gefahren, 36 Menschen in einem Kleinbus. Ich lag ganz unten, unter den anderen, wo kein Sauerstoff mehr war. Da wäre ich beinah erstickt.

Wollen Sie noch etwas trinken, fragt die Kellnerin. *Nein,* sagt der Junge und hält sich weiter an dem Glas fest, aus dem er noch nichts getrunken hat.

Von der Türkei wollten wir weiter nach Griechenland, sagt er. Da gab es einen anderen Schlepper, der hatte eine Tüte dabei, aus der er ein Gummiboot und eine Pumpe holte. Ich begann zu weinen, als ich das sah, ich konnte doch nicht schwimmen. Der Schlepper hielt mir ein Messer an den Hals und sagte, *entweder du steigst ein, oder du stirbst hier.*

Wir waren zwei Tage auf dem Wasser.

Wenn man links abbiegt an dem Schild mit der Aufschrift *Mobile Fußpflege*, hinter dem Blumenkübel aus Waschbeton, und vorbeifährt an den Neubauten mit den lackierten Dachpfannen, die in der Sonne glänzen wie die Fingernägel einer berühmten Riesin, kommt man zum Reihenhaus der Überlebenden.

Sie war auf dem Passagierschiff Wilhelm Gustloff, das im Januar 1945 mit zehntausend Menschen an Bord von Torpedos der Roten Armee in der Ostsee versenkt wurde, da war sie elf Jahre alt.

Sie sitzt mit ihrem Lebensgefährten auf einer selbst gezimmerten Veranda in der Sonne. **Ich hol dir einen Hut, sagt sie zu ihm, der Hautarzt meint, *sonst kriegst du Krebs*. Wollen Sie etwas trinken, ich habe Saft da, aber ich kriege die Flasche nicht auf, da müssen Sie mir helfen, meine Hände, wissen Sie, meine Hände zittern immer noch.**

Setz dich, Gerdi, setz dich, sagt er, *sei doch nicht so nervös.*

Ich hab schlechte Träume, sagt sie, seit damals schon, dann schlage ich um mich und falle aus dem Bett, das passiert immer noch. Ich rufe immer: *Heinz, Heinz, Heinz!*

Ja, dann rufst du mich, sagt er, und ich komme an dein Bett. Der rote Saft läuft sein Kinn hinunter, es sieht aus, als hingen seine Mundwinkel, dabei lächelt er.

Letzten Monat war ich im Krankenhaus, sagt sie, schwere Prellung vom Sturz aus dem Bett. Aber sie wollen mir die Schwerbehinderung nicht geben. Niemand hilft einem. Heinz, ich habe solche Angst, dass du stirbst. Dann bin ich ganz allein.

Aber ich sterbe doch gar nicht, sagt er, *ich sterbe doch nicht, Gerdi.* Er putzt sich das Kinn mit dem Handrücken ab und lächelt.

Inne Kiste kannste mich reintun, sagt sie, das ist mir egal, solange du nicht zuerst stirbst. Von der Gustloff gibt es niemanden mehr. Niemanden. Die SS-Männer haben uns aus dem Kinderheim in Rößel rausgeholt damals. Fliegeralarm, die Russen kommen. Wir wurden in ein Pferdefuhrwerk gehoben, wir kauerten mit den verwundeten Soldaten im Stroh, vier Tage lang hatten wir nichts zu essen, wir haben in die Hose gemacht, die Kleidung gefror am Körper. Heinz, setz die Mütze auf, *sonst kriegst du Krebs.* Heinz, setz die Mütze auf, *sonst kriegst du Krebs.*
Ja, Gerdi, ja.

Dann ging es über Königsberg nach Gotenhafen. Tausende Menschen. Die Matrosen brachten uns aufs Schiff. *Endlich in Sicherheit,* dachte ich. Dann sind wir angegriffen worden von den U-Booten, das gab einen Knall, Stühle, Tische fielen durch die Gegend, schon stand das ganze Schiff schief. Ich hatte solche Angst.

Ich konnte doch nicht schwimmen.
Ich konnte doch nicht schwimmen, verstehen Sie?

Ein Matrose hob mich in ein Beiboot, er hat mir das Leben gerettet, dann ist er selbst gestorben. In der Zeitung stand, sechseinhalbtausend sind ertrunken, aber ich glaube, es waren mehr. Ich bin gerettet worden. Warum? Ich weiß es nicht.

Ihre Hände zittern, sie steht auf, geht zwei Schritte in Richtung des Hauses, kehrt um und setzt sich wieder.

Gerdi, sagt er. *Mensch, Gerdi.*

Das Heutige vergesse ich schnell, sagt sie, was wollte ich heute noch mal kochen? Aber was damals war, das vergesse ich nie. Die Schreie. Die Gesichter der Ertrinkenden. Das Geräusch des Schiffs, das hell erleuchtet untergeht. Die Kälte. Meine Hände sind immer noch steif gefroren. Die Ärzte geben mir Psychotabletten, zum Einschlafen, gegen das Zittern. Wollen Sie noch Saft trinken? Aber die Flasche müssen Sie selbst aufmachen, das schaffe ich nicht.

Du kannst ja gar nicht hingucken, sagt er, *wenn im Fernsehen was vom Krieg gezeigt wird.*

Ja, dann gehe ich ins Bett, sagt sie. Ich will keinen Krieg mehr. Warum gibt es Krieg? Immer wieder? Warum wollen die Muslime Krieg? Jetzt hat mir die Behörde dreißigtausend Euro angeboten, als Entschädigung für meine Kindheit. Aber ich will das Geld nicht.

Nimm das Geld an, Gerdi, sagt er. *Nimm es doch an.*

Ich will das Geld nicht, Heinz, sagt sie. Ich will nichts mehr davon wissen. Deine Tagebücher vom Krieg, über deine Gefangenschaft bei den Amerikanern, die würde ich am liebsten alle zerreißen.

Warum wollen die Muslime Krieg,* sagt sie. *Warum? Wissen Sie das?

Sie betrachtet ihre Hände, die sich in ihrem Schoß drehen wie eine kleine, leere Mühle. Ihre Frage scheint sie vergessen zu haben, als wäre ihre Sorge eingesickert in einen Kummer, über den sich nicht mehr reden lässt.

Ich bin jedenfalls froh, sagt sie, dass ich meinen Heinz habe. Den habe ich mir ausgewählt aus zweiundzwanzig Männern. *Einsamkeit ist scheußlich.*

Nach dem Tod ihrer Ehepartner lernten Gerdi und Heinz einander über eine Zeitungsannonce kennen, das war vor fünfundzwanzig Jahren. In der guten Stube hängen Bilder, die Heinz gemalt hat, sie zeigen Gerdi als junges Mädchen, das er nicht gekannt haben kann, daneben eine silberne Wanduhr, darauf steht: *Die Zeit geht schneller, als du denkst.*

HAMBURG / OSTRHAUDERFEHN

Ich konnte doch nicht schwimmen,

sagt der afghanische Junge.

Ich konnte doch nicht schwimmen,

sagt die Überlebende des Untergangs.

Zersticht ihnen die Schwimmwesten,

schreibt ein Mädchen. Es meint die Menschen, die über das Meer fliehen.
Europa ist nicht euer Paradies, sondern vielleicht euer Tod, sagt der Bundesentwicklungsminister. Er meint dieselben.

Wir sind im Krieg,

steht in der Zeitung.
Die Wörter marschieren auf.

NÜRNBERG

Hallo, ruft der bayerische Finanzminister in einem Film, den er im Netzwerk verbreiten lässt, er zeigt ihn beim Baden in einem städtischen Weiher.

Hallo, ruft er, *ich schwimme.*

Abe
Tou
Hot

Auf
lein
und
träg
Dec
Auf
Ertö
gäst
tung
Klei
Ach
Ruh

Ein
mit
rast
Er v
unb
aber

Sech
Der
vert

BAUTZEN / ALANYA

Abends im Fernsehen: Eine vollkommen enttäuschte Touristin aus Deutschland verklagt einen türkischen Hotelier. Das Mittelmeer sei zu warm.

NORDDEICH

Auf der Fähre zur Urlaubsinsel fotografiert ein Alleinreisender sich selbst, er schaltet sein Lächeln ein und wieder aus wie eine Nachttischlampe, ein Greis trägt seinen Hund die Treppe hinunter, und unter Deck gucken die Kinder die *Tagesschau*.
Auf der ersten Seite der Speisekarte steht: Beim Ertönen des Generalalarms begeben sich alle Fahrgäste auf die Sammelplätze, ausgerüstet mit Rettungswesten, den ganzen Körper bedeckender Kleidung, festem Schuhwerk und Kopfbedeckung. Achten Sie auf weitere Lautsprecherdurchsagen.
Ruhe bewahren.

Und jetzt stell dir mal vor, sagt im Salon an Tisch acht ein Großvater zu seiner Enkelin, *hier ist ein Muselmann an Bord mit einer Bombe im Koffer.*
Dann beißt er in sein Butterbrot.

Auf Backbord liegen die Seehunde auf der Sandbank wie bayerische Finanzminister.

NIZZA

Ein Mann ist auf einer südfranzösischen Promenade mit einem Lastwagen in eine Menschenmenge gerast, dann ist er von der Polizei erschossen worden. Er war siebenundzwanzig Jahre alt, ein irgendwie unheimlicher Mann, das schon, sagen die Nachbarn, aber sein Äußeres sei gepflegt gewesen.

Sechsundachtzig Tote.
Der Scheibenwischer hat ihr Blut über das Fenster verteilt.

In Israel kann niemand mit einem Lastwagen in eine Menschenmenge rasen, sagt ein einflussreicher Journalist am Abend im Fernsehen, *da sind nämlich Poller.*

Es sei allemal wahrscheinlicher, sagt ein vielbeschäftigter Angstforscher im Radio, bei einem Verkehrsunfall ums Leben zu kommen als bei einem Terrorakt.

Die Lastwagenfahrer auf der Gegenfahrbahn sehen im Abblendlicht heute gütiger aus als sonst. Als wollten sie grüßen und trauten sich nicht.
Fürchtet euch nicht, scheinen sie zu sagen. *Wir kommen in Frieden.*

Todesfahrt des Terrors

Der
den
mön
im se
Früh
ße I

Ich
der
den
Am
gem
fohl
Sain
wies
den
ein
dort

Wir
es so
noch
wir
The

Den

Wir
Tage
uns
falsc
Was
noch
sons
hina

Kurz

Die
ten
stec
obw
das,

Die
bric
jema
frag

Ich s

Der große Mann sitzt auf einem kleinen Stuhl. Er hat den Bart und die Augen eines fröhlichen Kapuzinermönchs. Es herrscht eine beruhigende Unordnung in seinem Wohnzimmer. Es ist die Stunde des späten Frühstücks, das Licht ist weich und diesig. Die Straße liegt da wie ein dösender Hund.

Ich war mit sechs Freunden nach Paris gereist, sagt der Mann, es war in der zweiten Novemberwoche, in den Tagen vor Freitag, dem dreizehnten.
Am frühen Abend dieses Freitags gingen wir gemeinsam essen, in einem Lokal, das uns empfohlen worden war, *Le Petit Cambodge* am Canal Saint-Martin. Man hatte uns zwar darauf hingewiesen, dass es dort immer sehr voll sei, aber als wir den Laden betraten, war im hinteren Winkel noch ein Tisch frei, frisch eingedeckt, als hätte man uns dort erwartet.

Wir hatten Glück. Und das sage ich nicht, wie man es sonst sagt, wenn man in einem Restaurant gerade noch einen Platz erobert hat. Wir hatten Glück, weil wir womöglich gestorben wären, wenn wir an der Theke gewartet hätten.

`Denn dort schlugen die Kugeln ein.`

Wir aßen, tranken und sprachen über die schönen Tage, die hinter uns lagen. Dann bat ich den Kellner, uns die Rechnung zu bringen, aber er verstand es falsch und brachte uns stattdessen eine Flasche Wasser. Wir lachten, *was soll's*, und schenkten uns noch mal ein. Das war das zweite große Glück, denn sonst wären wir aufgestanden und auf die Kreuzung hinausgegangen.

`Kurz danach begann es draußen zu knallen.`

Die Leute, die am Fenster zur Straße saßen, rutschten sofort unter die Tische, um sich dort zu verstecken. Wir taten das Gleiche, es war ein Reflex, obwohl ich in diesem Moment noch dachte, *was ist das, ein Feuerwerk?*

Die Stimme des Mannes beginnt zu zittern. Er unterbricht seine Erzählung und lächelt so verlegen wie jemand, der in einem fremden Land nach dem Weg fragen will und die Sprache nicht kennt.

Ich schaffte es nicht, sagt er, mich ganz flach zu machen. Unter dem Tisch war kein Platz mehr, und ich war ohnehin ein bisschen zu groß für den engen Spalt. Ich blieb also mit dem Kopf oben und konnte die ganze Zeit auf die Kreuzung blicken. Ich sah die Funken der Kugeln, die vom Boden abprallten, ich hörte das maschinelle Geräusch, *tack-tack-tack-tack*, ich spürte die Angst im Raum, wie sie wuchs und wuchs.

`Da wusste ich, es müssen Schüsse sein.`

Vielleicht ist es ein Bandenkrieg, dachte ich, vielleicht duellieren sich zwei auf der Straße, *was auch immer*. Ich konnte mir immer noch nicht vorstellen, dass uns die Bedrohung gilt.

Dann sah ich eine Radfahrerin, die getroffen wurde und auf den Asphalt stürzte. Und ich wusste, es ist ernst. Ich wusste, wir sind in großer, großer Gefahr.

AHRENSBURG

In Schleswig-Holstein und Niedersachsen werden im Morgengrauen drei Männer wegen des Verdachts auf Mitgliedschaft in einer terroristischen Vereinigung festgenommen. *So wohnt ein Schläfer*, schreibt die Zeitung und zeigt ein Bild von einem Sofa und einem gekachelten Tisch, auf dem eine leere Tasse steht.
Da kommt ein mulmiges Gefühl auf, sagt eine Nachbarin, *wenn man weiß, oh Gott, eine Tür weiter.*

BERLIN

Es geht nicht um die reine Statistik, sagt der Spitzenkandidat der Alternative für Deutschland, es geht darum, was der Bürger empfindet.

Das, was man fühlt, ist auch Realität.

In
M
M
fe
Ze
ge
D
ba

Es
ze
ge

An die Wand des Neuköllner Industriegebäudes hat jemand in meterhohen Buchstaben *HUNDE TRÄUMEN BUNT* geschrieben. Man kann es lesen von der Wohnung der jungen Frau aus, in die sie sich zurückzog, nachdem sie von den Attentaten in Paris erfahren hatte.

An diesem Freitag, dem dreizehnten, war ich mit einer Freundin zu Hause, sagt sie, wir machten uns fein für ein Geburtstagsfest. Nebenbei lief der Fernseher. Wir hatten gute Laune, machten Scherze, freuten uns auf den Abend.

Dann kam die Nachricht vom Anschlag.

In der Schule, vor vielen Jahren, sollten wir als Hausaufgabe eine Presseschau erstellen, alle wichtigen Meldungen ausschneiden und auf ein Blatt Papier kleben. Es war der 12. September 2001, ich schnitt Bilder aus von den brennenden Türmen und von Menschen, die über und über mit Asche und Staub bedeckt waren, von weinenden, schreienden Menschen. Und die ganze Zeit dachte ich: *Ich will das nicht wissen. Ich ertrage es nicht.*

So war es auch diesmal. Ich merkte, dass in meinem Inneren die Schutztüren ins Schloss fielen, wie bei einem Feueralarm. *Mach den Fernseher aus,* sagte ich zu meiner Freundin, *bitte mach ihn aus.* Und zugleich wusste ich, dass ich mich davor nicht werde bewahren können.

Als hätten wir auf Autopilot geschaltet, nahm der Abend seinen Lauf, wie er geplant war. Wie die Hausaufgaben damals. Wir fuhren trotzdem zu der Party. Dort stand ein Gast in der Ecke eines Zimmers, umringt von anderen, und las die neuesten Meldungen aus Paris vor.

Es war, als würde jemand meine Sicherheitstüren aufbrechen.
In der Konzerthalle erschießen sie jetzt einen nach dem anderen, sagte er.
Im Zimmer nebenan tanzten die Leute.

Und ich dachte:

Gleich passiert es auch hier.

BERLIN

Mein Sohn beginnt zu lesen, er steht lange vor den Schlagzeilen und entziffert sie.

Wir. Sind. Im. Krieg. Warum, Papa?

—

Wir sind nicht im Krieg, sage ich.
Es steht aber da, sagt er.
Hab keine Angst, ich bin ja hier.
Und wenn du in den Krieg musst?
Ich muss nicht in den Krieg.
Ich habe trotzdem Angst, Papa.

Hab keine Angst, sage ich, ich bin doch da, hab keine Angst vor nichts und niemandem, wir fahren bald mit der Eisenbahn, Oma und Opa freuen sich schon, es wird dir nichts geschehen, putz nur brav die Zähne, iss dein Obst, sei nett zu den Menschen.
Mehr kannst du nicht tun.

DRESDEN

Der Elfjährige steht im Fundbüro und fragt nach dem Turnbeutel, den er im Bus vergessen hat. *In der Linie vierundneunzig, letzten Dienstag um halb zwei, sagt er, er ist schwarz mit einem Astronauten vorne drauf.*
Der Sachbearbeiter findet den Beutel in einem Regal, füllt ein Formular aus, dann gibt er ihn dem Elfjährigen und sagt, *da hast du aber Glück gehabt, pass schön drauf auf jetzt.*

Ja, sagt der Elfjährige. Er lässt den Kopf hängen, dann schaut er den Sachbearbeiter wieder an, knapp über den Tresen hinweg. Er ist klein für sein Alter.

Ist noch was, sagt der Sachbearbeiter und blättert in einem Kalender.
Ich war so durcheinander an dem Tag, sagt der Elfjährige. *Bei uns zu Hause ist nämlich eine Bombe explodiert.*
Eine Bombe, fragt der Sachbearbeiter und blickt über den Brillenrand.
Ja, sagt der Elfjährige, *ich bin der Sohn des Imams der türkischen Moschee. Bei uns zu Hause ist eine Bombe explodiert, vielleicht haben Sie davon in der Zeitung gelesen. Deswegen war ich so durcheinander und habe meinen Turnbeutel im Bus vergessen. Sonst vergesse ich nie etwas.*
Das wollte ich Ihnen nur noch sagen. Vielen Dank, auf Wiedersehen.

DRESDEN

Am Abend desselben Tages, nur ein paar Straßen weiter. So vieles kann ein Anlass zu einem Volksfest sein, warum nicht auch Langeweile, Dummheit, Angst und Hass. Also drängen sie wieder auf den Theaterplatz und dampfen und schnauben: Tausende. Ein Mob, der die Leere in sich selbst lyncht, ein Fackelzug, der sich an sich selbst entzündet. *Die Patriotischen Europäer gegen die Islamisierung des Abendlandes.*

Wir sind das Volk, rufen diese Leute.

Es ist eine Drohung. Wie törichte Kinder lassen sie die Faust über dem Spiel schweben, das sie zu verlieren glauben.

GARMISCH

Der Springbrunnen auf dem Marienplatz ist *den Beschützern unserer Heimat gewidmet.*
Daneben sitzt, an einem Abend, der nach dem ersten Schnee riecht, eine junge Frau mit Kopftuch. Sie ist zu traurig für die *Umvolkung.*

Wir
Wer
drob
Flie
sche
Stra
gelb

Wer
Wer

Wir
stell
krat
einn
trist
Mer
Frie
Ein
die I
Der
fon:
Teil

Wen
der
hine
tese
bew
fest,
durc
Im S
erfa
lichl
Dur
der
und
nich
ders
Pfau
kom
Mar
im c
sind
men
man

OLDENBURG

Wir müssten in etwas Dunkles, immer dunkler Werdendes hineinfahren, ein Unwetter, in eine Bedrohung und in die Angst davor. Ein Vorkriegsland. Fliehende müssten uns entgegenkommen, Menschen, Vögel, Rehe. Bäume müssten brennen am Straßenrand und Milizen uns den Weg versperren im gelben Nebel des dahinter liegenden Gefechts.

Wenn es stimmt, was in der Zeitung steht.
Wenn die Leute ernst meinen, was sie sagen.

Wir sehen hingegen alle fünf Kilometer eine Tankstelle, an der Rentner die Insekten von den Scheiben kratzen, das Formfleisch in der Auslage welkt und einmal Pinkeln siebzig Cent kostet. Es ist alles so trist wie immer, so engmaschig und voll von Menschen, die von A nach B fahren: der hektische Frieden.
Ein Dreijähriger lutscht Mayonnaise aus der Tüte, die Mutter drängt: *Wir wollen heute noch ankommen.* Der Vater steht am Wagen und schreit in sein Telefon: *Ich bin auf dem Weg in den Urlaub.* Sie alle sind Teil des Staus, den sie verfluchen, sie sind am Anfang, sie sind in der Mitte, sie sind am Ende.

Gegen Abend erst, als die Autobahn leerer wird und die letzte Sonne mütterlich auf die Felder scheint, kann man das Land wieder erkennen. Verwunschen wirkt es, verwunschen und erschöpft, wie ein schlafendes Pferd.

PADERBORN

Wenn Sie keine Durchfahrtgenehmigung haben, ruft der Polizist am Tag des Herrn in den Lieferwagen hinein, *dürfen Sie hier nicht durchfahren.* Die Malteser stehen in Bereitschaft, der Schützenverein bewacht den Dom, die Glocken läuten: Es ist *Liborifest,* heute tragen sie die Reliquien ihres Heiligen durch die Stadt, in einem Kindersarg aus Gold.
Im Seitenschiff hängen acht Bildschirme. *Wir dürfen erfahren,* sagt der Kardinal, *dass Gott an seine Möglichkeiten glaubt.*
Durch die Fußgängerzone weht der Weihrauch, an der Ecke gibt es das *Libori-Spezial,* ein Stück Kuchen und eine Tasse Kaffee für vierfünfzig, *da kann man nicht meckern,* sagt einer, und da ist ja auch der Kindersarg, die Knochen des Liborius, geschmückt mit Pfauenfedern, *sei mal leise jetzt,* sagt ein anderer, da *kommt der Tote.*
Man hat Angst, sagt eine Frau mit Rebhuhnhaaren im Gedränge, *gerade bei Großveranstaltungen, wir sind schließlich im Krieg. Trotzdem sind viele gekommen, weil sie Halt suchen in diesen Zeiten,* sagt sie, *man findet ja kaum noch Parkplätze.*

HAMBURG

Die Leute decken sich ein, sagt der Waffenhändler, sie kaufen Munition auf Vorrat. Das ist gut fürs Geschäft, sagt er, aber es macht mir Angst, bald ist es hier wie in *Amerika*.
An der Wand hängen zwölf ausgestopfte Tiere, der ehrwürdige Elch kann seinen Tod noch immer nicht fassen, und der Teppich schluckt das Geräusch der heimlichen Schritte. Es gibt fast dreißig Millionen Waffen in Deutschland, sie liegen im Nachtkasten, unter den dicken Pullovern im Schrank, im Kofferraum, mit metallischer Vorfreude.

Vielleicht sind es nur drei von hundert, die jetzt eine Pistole mitnehmen, wenn sie das Haus verlassen, Gassi gehen, Freunde besuchen, *zur Sicherheit*. Es sind nur drei von hundert, die mitten im Frieden in den Krieg ziehen, aber sie reichen hin, um das Land zu Fall zu bringen, wie einen morschen Baum, der erst langsam kippt, beinah stehen bleibt in unmöglicher Neigung, doch dann immer schneller wird, und bis kurz zuvor kann sich niemand das Krachen seiner Krone vorstellen.

Auch Opfer unter den Deutschen.

Es ist gut fürs Geschäft, sagt der Waffenhändler, *aber es macht mir Angst.*

GEORGENSGMÜND

Die Polizei will die einunddreißig Waffen eines Mannes beschlagnahmen, weil er als unzuverlässig gilt: *Er nennt sich Reichsbürger.*
Mit einer seiner Waffen erschießt er einen jungen Beamten.
In gewissen Punkten, sagt ein Experte, *sind die Reichsbürger den Islamisten wesensähnlich.*

ber,

HAMBURG

Die Menschen, die in den Krieg ziehen wollen, sagt der afghanische Junge im Straßenlokal,
die wissen doch gar nicht, was das ist: *Krieg*. Sie schauen sich Gewaltfilme an und bekommen heißes Blut.

Ich weiß, was Krieg ist. Meine Kindheit war Krieg.

Wissen Sie, sagt er, warum ich meine Heimat verlassen musste?
Man wollte mir eine Sprengstoffweste anziehen.
Man wollte, *dass ich explodiere.*

HEEDE

Woher kennst du das Geräusch, frage ich meinen Vater, wenn er doch nicht geschossen hat,
der Soldat mit dem Gewehr: *ratta-tatta-tatt*.

Aus den Träumen, sagt mein Vater.
Da schießt er jedes Mal.

Ein Achtzehnjähriger erschießt in München neun Menschen, er hat sie in ein Schnellrestaurant gelockt, und auf dem achtzehnten Geburtstag meines Patensohns, am selben Tag, im selben Land, rauchen die Mädchen Zigaretten, die nach Pfirsich riechen.

Gegensätze überlagern einander wie in einer Doppelbelichtung: Ein Toter taucht auf dem Klassenfoto auf, eine Geistererscheinung, ein Land im Frieden, ein Land im Krieg.

Save tonight, tomorrow I'll be gone, singen sie jetzt im Chor. Bewahre diese Nacht, morgen werde ich fort sein. Ihre Zähne sind sehr groß und sehr schön.

Am Stachus steigt ein Mann mit Regenschirm aus der Straßenbahn und löst eine Massenpanik aus. Die Polizei duzt die Bevölkerung: *Bitte bleibt zu Hause.*

Der Junge war nett, sagt eine Nachbarin am nächsten Morgen über den Täter. Er hat die Zeitungen im Haus verteilt. In einer Seitenstraße, auf der Flucht vor der Streife, hat er sich selbst getötet.

Mein Patensohn arbeitet bei Mercedes-Benz am Fließband, von dem Geld wird er im Januar nach Australien fliegen. Er will Fotograf werden, er ist im letzten Jahr zehn Zentimeter gewachsen, wenn er schläft, sieht es aus, als lächelte er, als ginge der Frieden nur von ihm aus. Er hängt an seinen Freunden, in seinem Zimmer stemmt er Hanteln, auf seine Federmappe sind Herzen mit Tinte gemalt. Als er ein kleiner Junge war, gestern oder vorgestern, las er einmal in einer Zeitschrift die Frage: *Was passiert, wenn nichts passiert?*
Er dachte lange nach und sagte schließlich: *Dann hängen sich Omas schöne Ketten um.*

Warum hat der Junge das gemacht, fragt er mich heute, *warum hat er die Leute erschossen, der war doch so alt wie ich.*

Seine Freunde schauen in ihre Telefone, die ihre Gesichter beleuchten, als schauten sie auf den Mond herab. Über dem Protokoll aus München steht für einen Augenblick: *Ihre Angst wird laufend aktualisiert.* Ich freue mich trotzdem auf die Zukunft, sagt eines der Mädchen, es trägt einen Blumenkranz im Haar, der morgen schon Heu sein wird. Was soll ich auch machen, sagt es, *die kommt ja sowieso.*

Es war eine ganz normaler Tag in München, sagt der junge Mann, seine Hände liegen auf den Oberschenkeln wie die eines erschöpften Pianisten. Ich hatte meine Freundin vom Bahnhof abgeholt, wir wollten noch etwas einkaufen gehen im Supermarkt am Marienplatz. Auf dem Weg dorthin bekam sie eine Nachricht von ihrer Mutter.

Geht es euch gut?
Wir waren ein bisschen verwundert. Warum sollte es uns denn nicht gut gehen?
Dann fuhren die ersten Polizeiautos mit Blaulicht und Martinshorn vorbei.

Ich schaute auf einer Nachrichtenseite nach, was los war: Schießerei am Olympia-Einkaufszentrum. Aber

Massenpanik die viel größere Gefahr als alles, was draußen hätte passieren können.

Ich fand meine Freundin schließlich hinten beim Bäcker wieder, sie hielt sich mit anderen hinterm Tresen versteckt. Es waren achtzig bis hundert Leute im Supermarkt, liegend, kauernd, wimmernd, schreiend, die Stimmung war sehr gereizt. Die meisten schauten immer wieder auf ihr Telefon, so wie ich auch. *Schüsse am Stachus*, war da zu lesen, *mehrere Täter*. Zwei Männer begannen, sich zu prügeln, weil der eine den Laden wieder verlassen und der andere es ihm verbieten wollte.

Und ganz vorn, bei den Kassen, kaufte eine asiatische Touristengruppe in aller Seelenruhe weiter ein.

Meine Freundin zitterte vor Angst. Ich traf die Entscheidung, dass wir raus müssen. Wir rannten ein paar Meter weiter in die Polizeistation. Dort blieben wir noch eine Stunde im Innenhof, aber die Beamten waren so nervös, dass sie uns kein Gefühl von Sicherheit geben konnten. Schließlich holte uns ein Kumpel ab.

Im Autoradio, auf dem Weg in die Vorstadt, hörten

Es war eine ganz normaler Tag in München, sagt der junge Mann, seine Hände liegen auf den Oberschenkeln wie die eines erschöpften Pianisten. Ich hatte meine Freundin vom Bahnhof abgeholt, wir wollten noch etwas einkaufen gehen im Supermarkt am Marienplatz. Auf dem Weg dorthin bekam sie eine Nachricht von ihrer Mutter.

Geht es euch gut?
Wir waren ein bisschen verwundert. Warum sollte es uns denn nicht gut gehen?
Dann fuhren die ersten Polizeiautos mit Blaulicht und Martinshorn vorbei.

Ich schaute auf einer Nachrichtenseite nach, was los war: Schießerei am Olympia-Einkaufszentrum. Aber das war ja von dem Ort, an dem wir uns aufhielten, mehrere Bahnstationen entfernt. Wir gingen also trotzdem in den Supermarkt, um unsere Einkäufe zu erledigen.
Ich wollte gerade nach dem Eistee greifen, da veränderte sich die Lage innerhalb von Sekunden. Flaschen fielen zu Boden, Regale wurden umgeworfen, die Leute drängten vom Eingang in den hinteren Bereich des Ladens, einer verbarrikadierte die Türen, während andere immer noch versuchten, durch den schmalen Spalt ins Innere zu gelangen.

Später erfuhr ich, dass am Hofbräuhaus jemand eine Scheibe eingeschlagen hatte, weil er dachte, es würde geschossen und er müsste entkommen. Das hatte wiederum die Leute auf der Straße in Panik versetzt, und sie waren in den Supermarkt gestürmt. Es war wie eine Welle, die sich immer weiter ausbreitete. Frauen schrien, Babys weinten. Es war entsetzlich.

Ich hatte meine Freundin aus den Augen verloren. Ich lag am Kühlregal auf den Fliesen, umgeschubst und niedergetrampelt. Ich dachte, *wo ist sie, wo ist sie nur?*

In diesem Moment, sagt der junge Mann, war die Massenpanik die viel größere Gefahr als alles, was draußen hätte passieren können.

Ich fand meine Freundin schließlich hinten beim Bäcker wieder, sie hielt sich mit anderen hinterm Tresen versteckt. Es waren achtzig bis hundert Leute im Supermarkt, liegend, kauernd, wimmernd, schreiend, die Stimmung war sehr gereizt. Die meisten schauten immer wieder auf ihr Telefon, so wie ich auch. *Schüsse am Stachus*, war da zu lesen, *mehrere Täter.* Zwei Männer begannen, sich zu prügeln, weil der eine den Laden wieder verlassen und der andere es ihm verbieten wollte.

Und ganz vorn, bei den Kassen, kaufte eine asiatische Touristengruppe in aller Seelenruhe weiter ein.

Meine Freundin zitterte vor Angst. Ich traf die Entscheidung, dass wir raus müssen. Wir rannten ein paar Meter weiter in die Polizeistation. Dort blieben wir noch eine Stunde im Innenhof, aber die Beamten waren so nervös, dass sie uns kein Gefühl von Sicherheit geben konnten. Schließlich holte uns ein Kumpel ab.

Im Autoradio, auf dem Weg in die Vorstadt, hörten wir, dass die Polizei mittlerweile von einem Einzeltäter ausgehe. Und dass er sich selbst erschossen habe.

Meine Freundin lebt in einem kleinen Dorf in Oberbayern. Dort treffen wir uns seither. Sie traut sich nicht mehr in die große Stadt.

Ein leerer Platz ist da, wo deine Seele war, steht auf dem Blatt, das der Regen durchweicht hat, es liegt neben den welken Blumen, hinter der weißen Kordel, an der Gedenkstätte für die Opfer des Amoklaufs.
Passanten beugen sich hinunter zu den Fotos der Toten, sie wollen noch Leben darin entdecken, aber es sind nur Fotos, die bleich werden und immer bleicher. *Ich liebe dich, du fehlst mir.*

Ich fühle mich, als würde ich auf einem Friedhof arbeiten, sagt der Obsthändler, an seinem Stand sind Einschusslöcher zu sehen. Das Schnellrestaurant ist geschlossen, der Betreiber lässt es umbauen, nichts soll mehr an den Tag erinnern, als an den Tischen Kinder starben. *Betreten der Baustelle verboten.*

Aus dem Olympia-Einkaufszentrum kommt ein Junge und geht die Hanauer Straße entlang, so langsam wie einer, auf den niemand wartet.

Ich hoffe, du hörst jedes Wort, was wir dir sagen, Engel, steht in dem Brief, der im Regen liegt, neben den Rosen. *Nun ist die Wärme nicht mehr da, ich spüre die Ferne, die Qual. Du bist tot, doch wir sterben jeden Tag. Wir möchten dir nur sagen, wir lieben dich für immer, und wir sterben, wenn du es sagst. Jeder Moment war so kostbar, den wir neben dir verbracht haben. Die Zeit, als wir mit dir gelacht haben, unser Schatz. Unsere Familie ist tief verzweifelt, unsere Eltern weinen so oft. Niemand kann uns aufmuntern. Denn als du gingst, ist unsere Welt fortgegangen. Wir lieben dich.*

Der Täter hat, wie die Polizei mitteilt, das Schießen im Keller seines Elternhauses geübt.

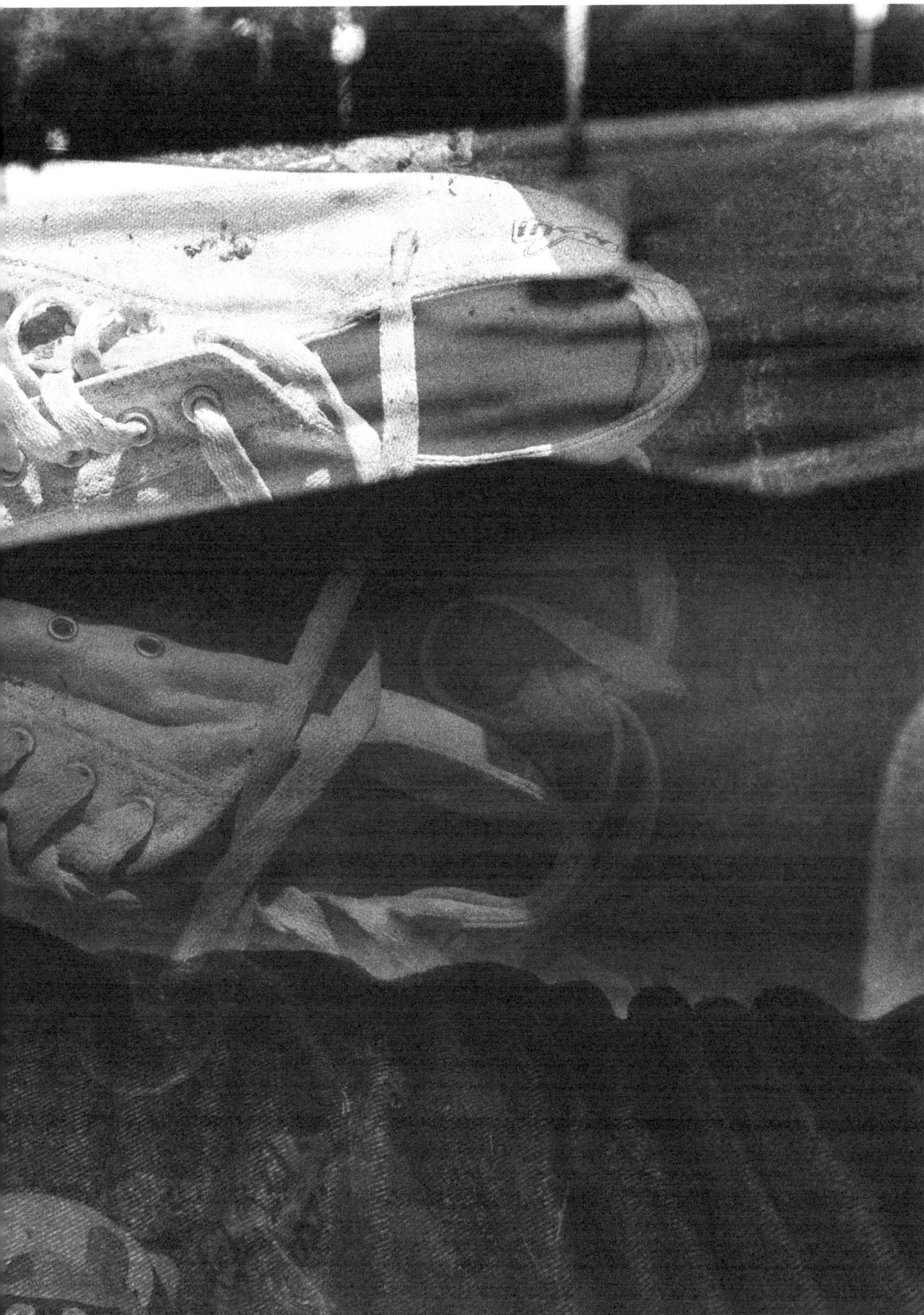

In d
Scha
imm
Indi
Schr
Hier
Nac

In d
wird
steh

Dar
Nan

Auf
Tier
stüc
die v
Terr
gen
Dra
War

Die
terfä

DIEPHOLZ

In der Langen Straße war das Spielzeuggeschäft, das Schaufenster unserer Träume: die Eisenbahn, die immer im Kreis fuhr in der Vorweihnachtszeit, Indianer aus Gusseisen, aufgereiht wie seltene Schmetterlinge, ein kleines, kostbares Akkordeon. Hier kaufte ich ein Holzgewehr und spielte mit den Nachbarsjungen *Krieg.*

Du bist tot.

Nein, du.

Jahre später nahm ein Mitschüler auf die Klassenreise einen Koffer voller echter Waffen mit. Als seine Eltern ihn abholten aus der Jugendherberge, lächelte er wie ein Angeklagter, der nichts bereut.

BERLIN

In der Aula der Schule, die mein Sohn besuchen wird, gibt es an der Wand einen Knopf, auf dem steht *Amokalarm.*

BEI BEDARF SCHEIBE EINSCHLAGEN.

Darüber hängt eine Girlande aus Wimpeln mit den Namen der Kinder. *Jonas, Ella, Emilio.*

Es ist Elternabend. In der Stuhlreihe sitzend, singe ich still meinen Ekel vor der Welt.

OSNABRÜCK

Auf dem Bahnhofsvorplatz riecht es nach traurigem Tier. In der Kneipe steckt ein kleiner Mann das Geldstück in den Sparschrank, Fach siebzehn, neben ihm die welke Biertulpe.
Terror, sagt er, *Terror, was geht mich das an, ich hab genug Terror gehabt in meinem Leben.*
Draußen übertreibt es einer und lehnt sich an die Wand eines längst abgerissenen Hauses.

LINGEN

Die Polizei hält einen Mann an, er könne so nicht weiterfahren, sagen die Beamten, *seine Angst sei zu groß.*

MÜNCHEN / PARIS

Auf einem Sessel im Wohnzimmer liegen Kleider, die der Mann und seine Frau am Freitag, dem dreizehnten, trugen: zwei Hosen, zwei Pullover. Sie haben sie nie wieder angezogen.

Dass er nicht mehr unter den Tisch gepasst hat, sagt die Frau, hat mich beinah um den Verstand gebracht.

Sie hat eine schwarze Wollmütze auf dem Kopf, als wäre sie ein Schutzhelm. Sie sagt, sie sei heute unglücklich mit ihren Haaren.

Gefangen zu sein in dem Restaurant, sagt sie, die Schüsse zu hören, dann die Pause, in der der Täter vermutlich nachgeladen hat, dann wieder die Schüsse: Das habe ich alles gedämpft wahrgenommen. Eher ertragen als erlitten.

War das Licht an?
Hatte es jemand ausgeschaltet?
Oder ausgeschossen?
Hat jemand geschrien?

Ich weiß es nicht mehr.

Aber dass er in der Schusslinie saß, dass er schutzlos war, diese Tatsache war mir in ihrer Entsetzlichkeit die ganze Zeit über vollkommen klar.

UECKERMÜNDE

Es sei allemal wahrscheinlicher, hat der viel beschäftigte Angstforscher im Radio gesagt, bei einem Verkehrsunfall ums Leben zu kommen als bei einem Terrorakt.

Hast du das gelesen in der Zeitung von der vierköpfigen Familie, die da verunglückt ist, sagt der Mann am größten Tisch der Eisdiele zu seiner Frau.
Stauende.
Kommt ein LKW von hinten – *batz!*
Das Wrack musst du dir angucken, das Foto haben sie abgedruckt. Total zerquetscht. Wie können da vier Leichen drin sein, sagt er. *Wie kriegen sie die da wieder raus?*

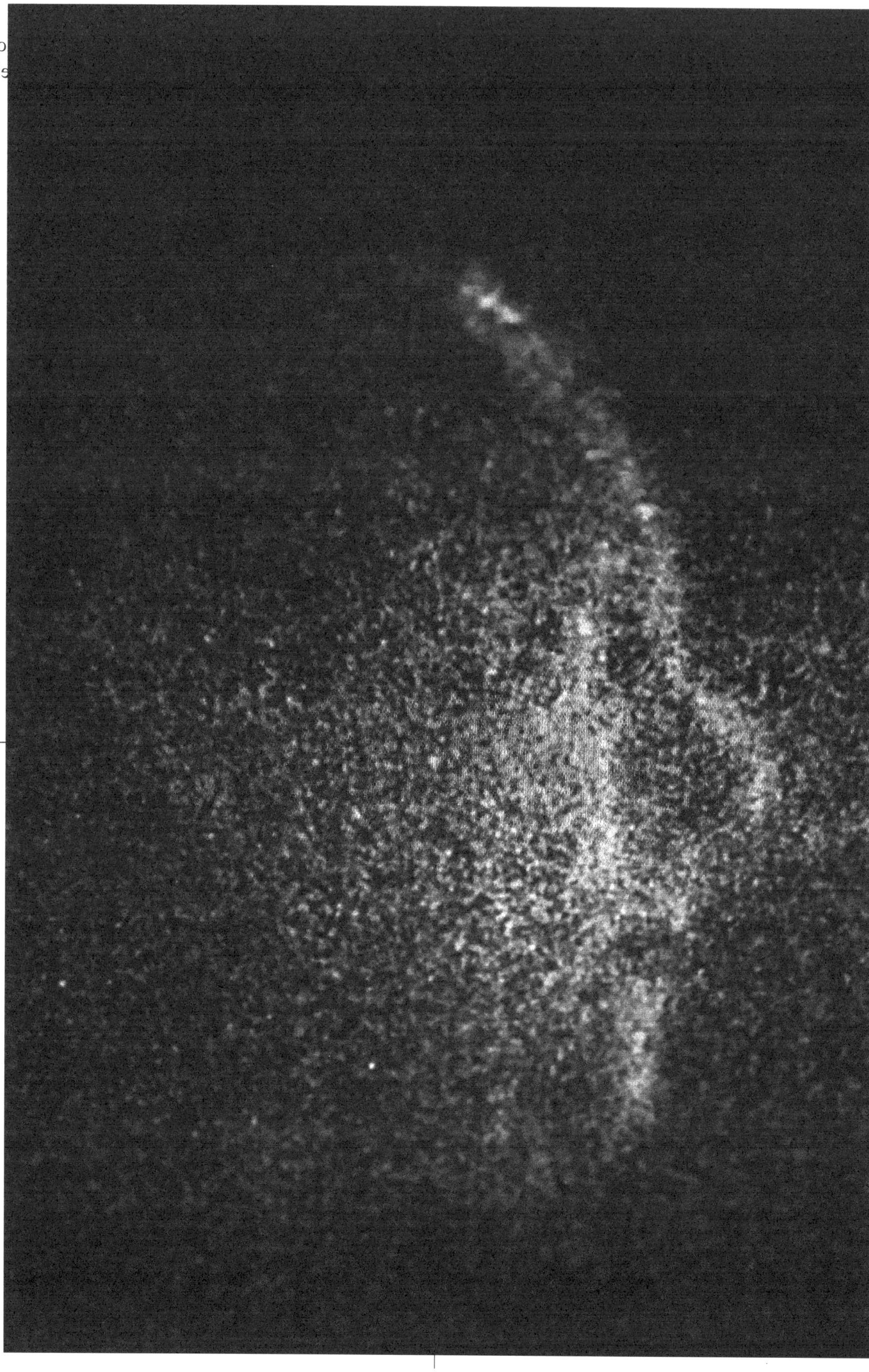

MÜNCHEN / PARIS

Ich schloss immer wieder die Augen, sagt der Mann, um nicht sehen zu müssen, was auf der Kreuzung geschieht. Aber ich wollte mich auch nicht ganz blind machen, so wie ein Kind, das sich versteckt und glaubt, es sei unsichtbar. Ich wollte schließlich auch wissen, was auf uns zukommt. Ich wollte wissen, was ich tun muss, um uns zu retten.

Dann gab es eine Feuerpause, die etwa eine Minute andauerte.
Als wieder geschossen wurde, schlugen die Kugeln durch die Fenster in das Restaurant ein, in dem wir uns befanden.

Ich dachte, wenn der Schütze jetzt hereinkommt, sind wir verloren. Dann räumt er richtig auf. Warum sollte er mit dem aufhören, was er angefangen hat? Wer soll ihm Einhalt gebieten?

Ich begann zu beten. *Lieber Gott, hilf uns bitte.*

Und dann war es vorbei.

Der Mann schaut verschämt drein, als hätte er uns etwas gestanden, das sich nicht gehört.

Wisst ihr, ich bin ja gar nicht gläubig, sagt er.
Aber was hätte ich tun sollen? Zu beten, an etwas Höheres zu glauben, das uns retten kann, wenn wir uns selbst nicht mehr retten können, das war meine letzte Zuflucht.

PADERBORN

Liborius ist zurück in seiner Krypta, und in einem schattigen Hof, an einem Biertisch, betet eine Ordensschwester, bevor sie ihre Bratwurst vom Plastikteller isst.
Angst habe sie nie, sagt sie, *denn Gott geht alle Wege mit.* Als kleines Kind aber, da habe sie einmal geschrien vor Angst. Als die russischen Soldaten nach Schlesien kamen, nach der Mutter suchten und sie noch nicht wusste, wie das geht: *beten.*

SIMBACH

Wir Menschen bauen Häuser fest und sind darin nur Fremde, steht auf der Fassade der Bierbrauerei. Vor dem Hotel gegenüber sitzt die Familie aus Syrien auf Plastikstühlen unter einer Deutschlandflagge, die sie gehisst hat als Zeichen des Friedens.
Ein Achtzehnjähriger hat im Ort eine Bürgerwehr gegründet. *Wir sind nicht rechtsradikal,* sagt er. Mit seinen Verbündeten schlägt er nachts die Stille in die Flucht: Man könne ihn anrufen, wenn einem etwas auffällt. Er gibt uns seine Karte.
Unter der Marienstatue spricht der Dorftrottel mit einem Schäferhund. Vom Kirchendach, das auch das Dach der Metzgerei ist, fliegen graue Vögel auf.

Es ist Herbst geworden gegen unseren Willen.

WOLGAST

Entlang der Bundesstraße nach Osten stehen Strommasten ohne Leitung Spalier für jemanden, der nicht kommen wird, ein sklerotisches Haus wartet im Regen. Stoßtrupps der Nationaldemokratischen Partei Deutschlands springen aus Kleinbussen, sie hängen Wahlplakate auf, den mit der Brille nennen die anderen *Professor*.

Das Forstamt warnt vor Bränden im *Wald der Sinne*.

Die Menschen im Norden, sagt der viel beschäftigte Angstforscher im Radio, haben mehr Angst als die Menschen im Süden, *weil der Winter hier dunkler ist.*

Über das Gesicht des Kandidaten auf dem SPD-Plakat hat jemand *Terror* geschrieben.
Die Erbsensuppe aus der alten Feldküche, in der auf dem Rastplatz wieder gekocht wird, schmeckt nach Bürgerkrieg.

Wir alle fallen.

In dem alten Saal an der Hauptstraße fand mein Abschlussball statt. Der Alleinunterhalter jagte Tanzmusik aus den Lautsprechern, Diplomingenieure schoben ihre Töchter, die wie Herrentorten aussahen, über das Parkett, im Windfang standen die Klassenclowns und rauchten billige Zigarren mit einer Blasiertheit, als hätten sie geerbt.

Es war 1998, das vierundfünfzigste Jahr nach dem Krieg, und wir lebten in dem husarenhaften Luxus, vom Frieden gelangweilt zu sein. In einer Zeit, auf die keine mehr zu folgen schien, die stete, die letzte Zeit.

Nun ist sie vorüber.

Es kommt etwas Neues, etwas Altes auf uns zu. Und die Leute fragen: *Was steht uns bevor?* Als wäre es ein Schrank, ein großes Tier, ein falsch geparktes Auto.

Die Kanzlerin sagt: *ein Kampf, meinetwegen ein Krieg.*

Ich denke mir die Musik jenes Abends weg, die ironischen Nummern: Mit einem Mal ist das Knarren der Holzdielen zu hören, arrhythmisch wie die falschen Tanzschritte und so klagend, als würden sie eine schlechte Nachricht übermitteln, die nur schwer zu entziffern ist, aus kommenden Tagen: Assyrer, Kelten, jetzt auch Deutsche. *Wehe euch.*
Der Alleinunterhalter steht tatenlos da, doch die Diplomingenieure tanzen weiter, sie sehen nun aus wie verzweifelte Hiobs, die ihre Töchter in den Abgrund stoßen, und die Klassenclowns blasen Luft durch ihre dummen Lippen.
Es war alles schon da, der Überdruss, die Plastikblumen auf den Tischen, die grundlose Zuversicht, die sich jederzeit in Angst verwandeln kann. Die Möglichkeit, dass wir einander die Fresse einschlagen, war von der Wirklichkeit nur wie durch ein Blatt Papier getrennt.
Es war eine heiße Nacht im Juli, vor dem alten Ballsaal umzingelte eine Armee von Ameisen einen verdursteten Sperling. Der betrunkene Rechtsanwalt bot mir hundert Mark, damit ich ihn in seinem langen, breiten Wagen nach Hause bringe. Ich lehnte ab, er fuhr davon mit dem Lächeln eines Pfingstochsen.

Bevor getanzt worden war, hatte der Schuldirektor in seiner Rede gesagt, *die Kinder haben die Zukunft noch vor sich.* Gilt das nicht für jeden, dachte ich damals, aber jetzt denke ich es nicht mehr.

Flie

Am
Luft

Sie
fens
als
ersc
im
eine
Sie
senc
Num
Auto
Sie
schl
wo
der

Wer
ode
Nas
hab
abe

Ich
schv
nocl
Ich
mit
Sch

Was

In d
Aug
man

Ich sage ihnen, mir geht es sehr gut.

BERLIN

Fliehende kommen uns entgegen.

Am Columbiadamm, auf dem Weg zum Platz der Luftbrücke.

Sie laufen hinein in die Hangars des alten Flughafens und wieder hinaus, jeden Tag und jede Nacht, als würden sie dort erschaffen und zerstört, wieder erschaffen und wieder zerstört: ein Treck, der sich im Kreise dreht, wie eine Murmel, kurz bevor sie in einer Mulde zum Stillstand kommt.
Sie laufen hinein in die fremde Stadt mit ihren tausend Schildern, *Zutritt verboten, Ausfahrt freihalten, Nummer ziehen, warten, drücken, ziehen, Stop. Autobahn, alle Richtungen.* Doch das gilt nicht für sie. Sie kehren zurück in den alten Flughafen, wo sie schlafen hinter weißen Laken, die ihre Wände sind, wo sie erschaffen werden und wieder zerstört, *wieder und wieder.*

Bei der Wahl zum Abgeordnetenhaus holt die Alternative für Deutschland vierzehn Prozent der Stimmen.

Bei Hieronymus Bosch, schrieb Peter Handke, *sind wenigstens alle verdammt.*

NEUKIRCH

Wenn ich den Kopf nach unten neige, beim Lesen oder Schreiben, sagt der junge Kurde, bekomme ich Nasenbluten, das Blut tropft auf die Bücher. Ich habe Kopfschmerzen. Ich bekam noch eine Spritze, aber sie hat nicht geholfen.

Ich war stark, als ich hierherkam, jetzt bin ich schwach und müde. Ich schlafe viel. Ich gehe kaum noch aus dem Haus. Ich habe große Angst.
Ich kann mit niemandem darüber sprechen. Nicht mit dem Jungen, mit dem ich das Zimmer teile. Schon gar nicht mit meinen Eltern.

Was sagst du ihnen, wenn sie dich fragen, wie es dir geht?

In diesem Moment schießen die Tränen aus seinen Augen, sie fallen auf den Tisch, es sind Tränen, die man hören kann.

Am Tag, an dem wir mit dem jungen Kurden sprechen, stehen in seiner Heimatstadt Kirkuk die Schläfer auf und verüben Attentate auf die Bevölkerung. Seine Eltern sind noch dort.

Ich sage ihnen, mir geht es sehr gut.

BERLIN

In der U-Bahn-Station Yorckstraße spielt ein Mann die *Deutsche Messe* von Franz Schubert auf der Gitarre.

Wohin soll ich mich wenden,
wenn Gram und Schmerz mich drücken?

Die Leute drängen die Treppe hinauf, ausgespien von den Waggons. Sie sind das Chaos, das aus Chaos besteht, in ihren Augen spiegeln sich die anderen wider, aber wer sind sie:

die anderen?

Wer bist du?
Wer zum Teufel bist du?
Was hast du in deinem Rucksack?
Was führst du im Schilde?

MÜNCHEN / PARIS

Ich hörte ihn beten, sagt die Frau. Wie er sagte: *Lieber Gott, hilf uns bitte.*

Er hielt meine Hand.
Ich hielt seine.

Mehr konnte ich nicht tun.

In einer Kapelle aus Strandkörben findet ein Kindergottesdienst statt. *Wie gut kennt ihr die Bibel,* fragt die Pastorin. Die Kleinen scharren im Sand, dann wird der König Salomo gekrönt, er bekommt eine goldene Kappe auf den Kopf gesetzt, *damit*, sagt die Pastorin, *dir nicht das Hirn zerschmilzt.*
Es sind einunddreißig Grad, das Meer liegt da wie ein blinder Rochen.
Und jetzt wollen wir noch mal mit Gott reden, sagt die Pastorin. *Danke, dass du der Einzige bist, der immer da ist. Amen.* Dann spielt sie ein Lied auf der Ukulele, das die Kinder nicht kennen.

Sommer 2016, steht in der Zeitung, *Hitze, Stau, Terror.*

Ich will nicht mehr nach Tunesien, sagt eine orangefarbene Dame im irisierenden Badeanzug, *da ist es mir zu unsicher.*

Nach der Fahrt über das Meer, sagt der afghanische Junge, erwachte ich in einem Wald. Ich hörte Tiere und dachte, sie werden mich fressen. Ich wusste nicht, wohin ich gehen sollte, ich konnte die Sonne nicht sehen.

Ich lief und lief, vielleicht hundert Kilometer, meine Füße bluteten.
In einem Dorf wurde ich von der Polizei verhaftet und ins Gefängnis geworfen. Dort schlief ich drei Tage lang und träumte, ich bin wieder zu Hause in Afghanistan, bei meiner Mutter, und es herrscht Frieden.

Als ich freigelassen wurde, bekam ich eine Zugfahrkarte nach Athen. Ich hatte noch niemals so viele Menschen gesehen wie dort. Ich lebte vier Monate in einem Park, da waren noch viele andere Kinder von weit her. Manchmal kam ein Wagen und brachte uns etwas zu essen. Manchmal kam ein Wagen und brachte uns ins Gefängnis.

Ich war in *Europa*. Es kam mir vor wie die Hölle.

Ein Junge, der ein bisschen älter war als ich, sagte, wir müssen nach Italien. Wir liefen zum Hafen und legten uns auf die Achse eines Lastwagens, der auf ein Schiff fuhr. Wir blieben anderthalb Tage auf der Achse liegen, dann wurden wir von dem Schiff ausgespuckt, irgendwo in Italien.
Ein Mädchen sah uns und erschrak, weil wir so schwarz waren vom Ruß.
Wir fuhren mit dem Zug nach Mailand, dort verlor ich den anderen Jungen aus den Augen. Eine Frau fragte mich, wohin ich will. Ich sagte, ich will nach Frankreich. Willst du nach Paris, fragte sie. Aber ich wusste nicht, was das ist: *Paris*. Sie gab mir Geld für eine Fahrkarte. In Paris, sagte sie, sind viele Afghanen, die helfen dir.

Wenn man den Jungen fragt, wie lange er sich an einem Ort aufhielt, wie lange es dauerte, an den nächsten zu gelangen und wer ihm dabei half, erzählt er mühsam, als würde er die Bruchstücke eines Fiebertraums wieder zusammensetzen. Die Städte und die Menschen, die er in den ersten Wochen sah, stellten sich ihm entgegen als eine einzige flirrende Fremde: *Europa*.

In Paris traf ich einen Jungen, der sagte, komm, wir fahren nach Norwegen. In Oslo war es kalt, und niemand half mir. Ich wollte weiter, ich wusste nicht, dass es nördlich von Norwegen kein Land mehr gibt. Ich kam in ein Heim und blieb dort für ein Jahr.

Eines Tages kam der afghanische Präsident nach Norwegen und sagte, *das Land ist wieder sicher*. Ich hörte davon im Radio. Da bekam ich Angst, dass ich zurückgeschickt werde. Jede Nacht dachte ich, die Polizei kommt und nimmt mich mit. Ich stieg in den Zug und fuhr nach Hamburg.

Hier schlief ich auf der Straße, es war Februar. Ich sah die deutschen Jungen und dachte, sie haben ein Herz wie ich, sie haben zwei Hände wie ich, warum kann ich nicht leben wie sie? Wohin soll ich gehen? Was passiert mit mir?

Ich wog nur noch fünfzig Kilogramm.
Manchmal dachte ich, es wäre besser, *wenn ich sterbe*.

HEEDE

Und dann erst der Hunger, der war ja noch viel schlimmer, sagt mein Vater, der ständige Hunger. Wir haben Gürtel ausgekocht, wir haben Fliegen gefressen, mein Bauch war ganz dick vom Hunger, *zum Glück ist die Scheiße vorbei.*

Sein treuer Hund liegt neben ihm, der so dick ist, weil er niemals hungern soll.

Mein Vater erschrickt noch immer, wenn die freiwillige Feuerwehr am Samstagmorgen den Probealarm auslöst, *wuuuuuu, wuuuuuu, wuuuuuu*, es klingt genauso wie damals, als die Flugzeuge kamen, sagt er.

Willst du dann wieder losrennen, frage ich.
Nein, sagt er, ich kann das doch gar nicht mehr, ich kann einfach nicht mehr, die Pumpe, die Pumpe ist schwach.

Hast du Angst, dass es wieder Krieg gibt?
Ich weiß es nicht, sagt er, aber es steht in der Zeitung. *Pass auf deine Kinder auf, man weiß ja nie.*

BERLIN

Die Bevölkerung wird angehalten, einen individuellen Vorrat an Lebensmitteln von zehn Tagen vorzuhalten, steht in einem Konzept für die zivile Verteidigung, das die Bundesregierung veröffentlicht hat.
Pro Person, so wird geraten, solle man achtundzwanzig Liter Getränke einlagern, fünf Kilogramm Getreide, Brot, Kartoffeln, Nudeln und Reis, sechs Kilogramm Gemüse, vier Kilo Obst und Nüsse, dazu Milch, Öl, Fleisch, Schokolade. Es gibt eine Einkaufsliste zum Abhaken.

Wo sollen wir das denn alles lassen, sagt meine Frau. Der Keller ist schon voll. Die Koffer mit der Winterkleidung, die Stiefel, das alte Fahrrad, das Spielzeug, die Schachteln mit den Zeichnungen der Kinder, die Kisten mit den Urlaubsdias, *all die Erinnerungen.* *Sollen wir das jetzt etwa wegschmeißen,* sagt sie, *weil in der Zeitung steht, wir sind im Krieg?*

Die Bundesregierung sagt: *Die Lösung liegt in Ihrer Verantwortung. Ob und wie viel Sie vorsorgen, ist eine persönliche Entscheidung.*

Ich kaufe jetzt immer ein bisschen mehr ein als sonst. In einer Küchenschublade sammeln sich die Konservendosen.
Linseneintopf. Ravioli. Würstchen. *Es ist alles lächerlich, wenn man an den Tod denkt.*

Als ich mir die Liste der Vorräte noch einmal durchlese, *man weiß ja nie,* kommt meine Tochter ins Zimmer und ruft: *Papa, ich bin heute so glücklich, mein ganzer Kopf ist voll mit Glück.*

Al
wi
ga
Be
Es
M
W
sc
be

Da
sie
ch
M
ko
sc
ve
ve
Er
de
M
So
ha
Tä
ge
m
ke
Ei
W
ei
Ic
wi
vo
un
we

Als wir Kinder waren, sagt meine Mutter, sammelten wir oft Blaubeeren im Unterholz. Es war unsere Aufgabe, Vorräte für den Winter zu sammeln. Aus den Beeren kochten wir Marmelade.
Es ist eine verlassene Gegend, in der sie aufwuchs: Moorland. Drahtschmielen, Flattergras, Birken, Wald, der keiner ist, Stillgewässer. Manchmal verschwand eine Kuh. Sie fanden sie ersoffen im Graben.

Das Sammeln war eine sehr mühsame Arbeit, sagt sie, Blaubeeren sind klein, und die Mücken zerstachen uns die Arme und die Beine.
Man brauchte dazu einen Berechtigungsschein, der kostete eine Mark. Und ein Mann aus der Nachbarschaft wachte darüber, dass man den auch hatte, ein verrückter alter Mann, der mit seiner ebenfalls verrückten alten Frau in einem Wohnwagen hauste. Er schlich durch den Wald und kontrollierte die Kinder. Wir nannten ihn den *Dulli.*
Manchmal sammelten wir Blaubeeren, ohne den Schein zu haben, weil uns das Geld dazu fehlte. Wir hatten große Angst, dass der *Dulli* kommen und die Töpfe mit den Blaubeeren, die wir so mühsam gesammelt hatten, umtreten würde. Dass wir dann mit leeren Töpfen nach Hause kommen würden und keinen Vorrat für den Winter hätten.
Ein Kind hielt immer Ausschau nach dem *Dulli.* Wenn ich dran war, zuckte ich bei jedem Knacken eines Astes zusammen.
Ich weiß nicht mehr, ob der *Dulli* uns jemals erwischte, sagt meine Mutter. Ich habe mir so oft vorgestellt, dass er hinter einem Busch auftaucht und plötzlich vor mir steht, dass ich gar nicht mehr weiß, ob es wirklich passiert ist.

Meine Mutter, sagt der Mann im Kreuzberger Keller, hatte einen Plan. *Weißt du, was wir machen*, sagte sie. *Wir trennen uns und verteilen uns über die Stadt. Dann überlebt vielleicht einer von uns.*
Das war nicht dumm von ihr. Viele muslimische Familien sind restlos ausgelöscht worden, weil sie sich nicht trennen wollten.

Ich hatte einen Freund namens Aleksandar, der war Serbe. Er nahm mich auf, obwohl er damit sein eigenes Leben riskierte. Unter ihm wohnte ein hohes Tier der Serbischen Demokratischen Partei, und niemand vermutete, dass sich in dessen Nähe ein bosnischer Muslim verstecken könnte.

Ich verließ Aleksandars Wohnung zwei Monate nicht. Wir aßen, was er auftreiben konnte, er verscherbelte seinen Fernseher, um Obst auf dem Markt kaufen zu können, nachts versuchten wir, über Langwelle im Radio Nachrichten aus Sarajevo und Zagreb zu hören.

Eines Tages bekamen wir eine Zeitung in die Finger und sahen darin das inzwischen berühmt gewordene Foto aus dem Lager Trnopolje, das einen vollkommen ausgemergelten muslimischen Mann zeigt. Es war der Beweis für die Existenz von Konzentrationslagern in Bosnien.
Dorthin wurde kurz danach auch ich deportiert, als ich mich für ein paar Stunden aus dem Versteck gewagt hatte. Das Lager bestand aus einer alten Schule und zwei Nebengebäuden. Vergewaltigungen, Folter und Erschießungen waren der Alltag. Ich dachte jede Stunde, dass es meine letzte ist.

Auf Druck ausländischer Organisationen wurden Kinder und Frauen wieder freigelassen, auch meine Mutter. Sie überredete eine serbische Freundin, mich mit gefälschten Papieren aus dem Lager zu holen. So kam ich wieder in die Stadt, aber in der Stadt war es nicht besser.

Wohin sollten wir gehen?

Es fuhren Konvois aus der Stadt, offiziell organisiert vom Roten Kreuz, aber kontrolliert von den Serben. Unterwegs, in den Bergen, wurden viele der Busse überfallen und geplündert, die Menschen erschossen. Das wussten wir. Aber es war der einzige Weg hinaus.
Bis wir einen Platz in einem der Busse bekamen, wohnte ich wieder bei meinem Freund Aleksandar. Ich gab mich inzwischen als serbischer Junge aus und bewegte mich mit ihm durch die Stadt. In diesen Wochen wäre ich viermal fast erschossen worden.

Ich erinnere mich an den Tag, an dem wir seiner Großmutter eine Suppe brachten. Aleksandar ging zu ihr hinein, ich wartete mit dem Fahrrad vor dem Haus. In diesem Moment kam aus der Kneipe gegenüber ein betrunkener serbischer Soldat.

Das ist mein Fahrrad, sagte er.
Das ist nicht dein Fahrrad, sagte ich.
Ich dachte, es sei schlau, frech zu sein.
Natürlich ist das mein Fahrrad, sagte er, und wer bist du überhaupt?
Da rutschte mir mein echter Name raus. Der Name eines bosnischen Muslims.
Balija, brüllte der Serbe, *verdammter Bosniake*, und lud sein Gewehr durch.
Ich wusste, dass ich nun sterbe.

In letzter Sekunde kam Aleksandar aus dem Haus und rief: *Was ist da los?*

Wer bist du, fragte ihn der Soldat.
Ich bin Aleksandar Djuric, sagte mein Freund, als wäre er der stolzeste Serbe.
Guck mal, sagte der Soldat, *so ein Balija. Den erschieße ich jetzt, und dann nehme ich mir sein Fahrrad.*
Das ist aber mein Fahrrad, sagte Aleksandar.

Da rief von der Kneipe herüber ein anderer Soldat, *jetzt komm mal wieder, dein Bier wird schal,* der Serbe drehte sich um, und wir rannten davon.

Das war im Winter 1992. Der Krieg dauerte nun schon ein halbes Jahr. Er war Alltag geworden. Den Hunger, die Angst, den Egoismus, der den Menschen zum Tier macht, ich nahm all das hin wie eine Art neues Naturgesetz.

Irgendwann konnten wir den Konvoi in Richtung Kroatien besteigen, nach Zagreb. Wir kamen durch, ohne überfallen zu werden.
Kurz darauf brach in Mostar der Konflikt zwischen Kroaten und Bosniaken aus, und die Lage wurde auch in Zagreb sehr brenzlig. Um Geld zu verdienen, arbeitete ich auf einer Baustelle, sie war einen Kilometer von der Front entfernt.

Wir versuchten, Kroatien mit der Hilfe von Schleppern zu verlassen. Wir wussten nicht, ob sie unser Geld nehmen und uns nach Westeuropa bringen, oder ob sie unser Geld nehmen und uns töten. Wir fuhren über Ungarn, in einem deutschen Reisebus. An der österreichischen Grenze stieg der Schlepper aus. Nach einer Weile kam er wieder und sagte, *meine Leute auf der anderen Seite arbeiten heute nicht, wir müssen umkehren.*

Wir fuhren zurück nach Zagreb. Ohne Geld für einen zweiten Versuch.

Und ohne Hoffnung.

MITTENWALD

Im Gasthof läuft Blasmusik, die Waldarbeiter trinken Bier, drei Touristen essen Kuchen, und dort, hinter der Kuhweide, beginnt das militärische Sperrgebiet. Die Kaserne liegt versteckt im Wald wie ein Sanatorium für Könige, von der Bergwand hallen Schüsse wider, auf dem Abwurfplatz für Handgranaten zirpen die Grillen. Die Gestelle im Gras, die die Rekruten treffen sollen, wenn sie üben, sehen aus wie Vater, Mutter und zwei Kinder.

Lass uns abhauen, sagt mein Freund, *die Schüsse kommen näher.*

ROTHENBURG OB DER TAUBER

Samstag in der Touristenhochburg. Auf dem Marktplatz übt die freiwillige Feuerwehr den Ernstfall, ein Junge hält mit ernster Miene einen dicken Schlauch. *Brennt's*, fragt ein Tourist. *Noch nicht,* sagt der Löschmeister.
In den Schaufenstern, vor denen sich Japaner drängen, stehen die Andenken an ein altes Deutschland: Putten, Tonkrüge, hölzerne Hirsche.

Nächste Woche kommt der bayerische Finanzminister in die Stadt und hält eine Rede. Mächtig und tumb blickt er vom Plakat wie ein neuartiger Pharao.

SCHWERIN

Die Alternative für Deutschland ist bei der Landtagswahl in Mecklenburg-Vorpommern zweitstärkste Partei geworden. Die Vorsitzende will die Kanzlerin *von Rügen vertreiben*. Zur Wahlparty fährt sie in einem Motorboot über den See.
Sie sieht aus, als wäre sie zur Oberkellnerin befördert worden, in einem schlecht besuchten Lokal, eine neue Figur in einem verlorenen Spiel.

Mein Volk ist frei, hat Thomas Brasch geschrieben.
Jetzt kann es tun, was es mit sich tun lässt.
Stoß es aus seinen bunten Schuhen.

Gib ihm den Rest.

Gib ihm den Rest.

Ich
sagt
moc
gewe
ich
unen

Er is
ters
eine

Er si
sieb
müd

Wir
sagt
erin
Wel
wer
tun
Und
war
Mitl

Wer
das
aber
Viel
heit
Das
eine
geis
sond

Noc
das
Irge
war

Sch
Ges
te n
Mit
es si

Ich war sechs Jahre alt, als mein Vater verhaftet wurde, sagt der grauhaarige Mann. *Und da ich ihn nicht mochte, ging ich gleich davon aus, dass er schuldig gewesen sein musste. Ich sah mich dann bestätigt, als ich die Bilder in der Zeitung sah, Bilder von Leichen, unendlich vielen Leichen.*

Er ist der Sohn des Generalgouverneurs, des *Schlächters von Polen*: Hans Frank. *Es gibt Väter, die zeugen einen täglich neu,* sagt er. *So, wie der meine mich.*

Er sitzt an einem großen Holztisch in der Diele, er ist siebenundsiebzig Jahre alt, sein Körper ist ein wenig müde, seine Augen sind sehr wach.

Ich liebe DEUTSCHLAND, sagt er.

—

Aber ich misstraue den DEUTSCHEN.

Wir sind aus unserer fetten Ruhe erweckt worden, sagt der Mann. Die Menschen, die hierherfliehen, erinnern uns an die Armut und die Not, die in der Welt existieren. Aber wir wollen nicht daran erinnert werden, wir wollen nichts mit diesen Menschen zu tun haben.
Und nun wird sichtbar, was nur leidlich verborgen war: die Rohheit, die Brutalität, der Rassismus, die Mitleidlosigkeit.

Wenn in der Zeitung steht, *wir sind im Krieg,* dann ist das auf vielerlei Weisen geradezu grotesk falsch, aber auf eine ganz bestimmte durchaus richtig: Viele Deutsche wähnen sich im Krieg um die Reinheit ihres Volkes.
Das ist ein neues Zusammengehörigkeitsgefühl in einer zerfallenden Gesellschaft, ein neuer Kampfgeist in Zeiten der Ohnmacht. Aber wieder nicht für, sondern gegen etwas.

Hatten wir das nicht schon einmal?

Noch geht es uns wirtschaftlich gut. Aber wenn sich das ändert, ist diese Gesellschaft in großer Gefahr. Irgendwo wächst bereits ein neuer *Führer* heran und wartet auf seine Stunde.

Schon ist die Zeit angebrochen der verstummenden Gespräche. Ein guter Freund von mir, ein Jurist, sagte neulich: *Es müssen noch viel mehr Afrikaner im Mittelmeer ersaufen, damit die endlich kapieren, dass es sich nicht lohnt, nach Europa zu fliehen.* Ich musste diese Unterhaltung abbrechen.

Man kriegt es nicht raus
aus den DEUTSCHEN.
Man kriegt es einfach nicht raus.

Den alten Ledermantel seines Vaters hat der Mann unlängst für 500 US-Dollar ersteigert, von einem Sammler, nun trägt ihn die Vogelscheuche am kleinen See hinter dem Haus.
Die Vogelscheuche, die einmal etwas anderes war, ein Besen- und ein Harkenstiel, blickt stur zum Nord-Ostsee-Kanal hinüber.

Da steckt er drin, sagt der Mann und schüttelt den Mantel, *der alte Popanz.*

Di
sc
de

Do
Si
He
ic
Do
de
Ur
au
oa
Ra
bi

Di
W
sic

Die Frau sitzt bei Kaffee und Kuchen zu Tisch und schimpft auf *die Flüchtlinge*. Ihre Freundinnen, mit dem Rücken zu uns, hören ihr zu.

Der junge Mann hinter ihr dreht sich um und sagt, *Sie sind ein verdammter Nazi, wissen Sie das?*
Halt bloß die Schnauze, sagt die Frau, *sonst verpass ich dir eine.*
Der Kellner kommt und ruft die Frau zur Ruhe, andere Gäste hätten sich bereits über sie beschwert.
Und was ist mit der Drecksau, sagt die Frau und zeigt auf den Mann hinter ihr, *die darf weiterreden, oder was?*
Ruhe bitte, sagt der Kellner. *Andernfalls muss ich Sie bitten zu gehen.*

Die Frau isst leise fluchend ihren Kuchen auf. Im Weggehen sehe ich ihre Freundinnen. Sie halten sich aneinander fest wie Kinder in einem Sturm.

Der Leiter der Großküche steht zwischen zwei Essensausgaben im Hinterhof bei den Mülltonnen und raucht Kette. Seit zwei Jahren arbeitet er hier, sechzehn Stunden am Tag, er spricht mit der Klarheit des Übernächtigten.

Die Menschen müssen gut essen, sagt er, sonst werden sie rebellisch. Auf einem Schiff ist der Koch auch der wichtigste Mann. Wenn er den Matrosen Fraß vorsetzt, gibt es eine Meuterei.
Hier im Aufnahmelager darf ich zum Abendbrot aber oft nur zwei Scheiben Toast und eine Dose Thunfisch servieren, weil die Behörden das anhand einer Kalorientabelle so festgelegt haben. Aber das ist zu wenig, das ist unmenschlich. Mir blutet das Herz, wenn einer zurückkommt mit dem leeren Teller und sagt, ich hab noch Hunger. Manchmal gebe ich ihm dann heimlich noch ein bisschen mehr, aber wenn das der Kontrolleur mitbekommt, gibt es Ärger.

In der Bevölkerung soll nicht der Eindruck entstehen, dass es den Geflüchteten zu gut geht, dass sie hier im Hotel mit Vollpension leben. Darauf kann aber nur jemand kommen, der nicht weiß, in welch erbärmlichem Zustand diese Menschen hier eingetroffen sind. Und selbst wenn sie sich körperlich erholt haben, viele sind seelisch immer noch stark angegriffen. Da sollten sie doch wenigstens gut verpflegt werden.

Der Mann tritt seine Kippe aus und zündet sich eine neue an. Er reibt sich die Augen und schaut sich dann auf dem Hinterhof um, wie um zu überprüfen, ob er immer noch da ist, wo er vorher war.

Die Leute haben Angst, sagt er, ihnen könnte jemand das Schnitzel wegnehmen. Dabei haben sie zehn auf dem Tisch und noch zwanzig in der Kühltruhe. Sie wollen nicht teilen, lieber lassen sie diese armen Menschen vor die Hunde gehen. Und diejenigen, die helfen wollen, werden eingeschüchtert und trauen sich bald nicht mehr. Wir leben in einer Diktatur der Missgünstigen.

Als ich anfing, in dieser Branche zu arbeiten, wurde ich von vielen beschimpft. *Wie, du kochst für Ausländer,* sagten meine Nachbarn, *spinnst du jetzt?* Eines Tages fand ich mein Auto demoliert auf dem Parkplatz vor, meine Kinder wurden in der Schule gehänselt. Wir sind schließlich umgezogen. Ich erzähle jetzt niemandem mehr, was ich beruflich mache.

Zu meinen Geschwistern habe ich keinen Kontakt mehr. Sie haben sich von mir abgewandt, mich verdammt, für das, was ich tue. Mit meinem Bruder, den ich sehr gern hatte, habe ich zuletzt vor zwei Jahren telefoniert. Wir haben uns angeschrien. Ich habe aufgelegt. Und das war's.

. takt ver- der, zwei Ich

Ich e
nen
rote
ten,
land
blicl

Sie
ihre
ihne
dir g

Es si
stüc
imm

Im
zusa
Kun
sie g
ruft
Der
Nicl
nera
die l

HEEDE

Ich erinnere mich an die Onkel auf den Konfirmationen, an ihre platzenden Westen, ihre vom Schnaps roten Köpfe, ihre Ansichten und wie sie damit prahlten, die Fleischstücke flogen aus ihren Mündern und landeten auf meinem Teller, auf den ich beklommen blickte und dachte: *Wann gehen diese Männer endlich unter? Wann hört das auf?*

Sie sind noch immer da, sie haben ihre Ansichten ihren Söhnen vermacht, wie ein Stück Land, das sie ihnen schon früh versprachen: *All das wird einmal dir gehören.*

Es sind jetzt meine Vettern, die prahlen und Fleischstücke auf meinen Teller spucken. Ich blicke noch immer beklommen darauf.

ESSEN

Im Vorraum einer Bankfiliale bricht ein Rentner zusammen, er liegt beim Eingang am Boden. Vier Kunden steigen über ihn hinweg, ohne ihm zu helfen, sie gehen ihren Geldgeschäften nach. Erst der fünfte ruft den Rettungsdienst.
Der Rentner stirbt im Krankenhaus.
Nicht nur die Flüchtlinge sind uns egal, sagt der Generalvikar des Bistums, *sondern auch die Menschen, die hilflos zu unseren Füßen liegen.*

Der alte Mann sitzt in einem dunklen Zimmer, das Fenster geht zum Garten hinaus und ist von Kletterpflanzen verhangen. Seine Augen aber sind erhellt von einem Licht, das wir nicht sehen. Er arbeitet noch immer als Architekt. Räume zu gestalten, offene, freie Räume, sagt er, das sei sein Traum gewesen seit der Kindheit, in der er sich verstecken musste.

Meine Eltern gaben mich fort, als ich fünf Jahre alt war, sagt er. Dann, am Vorabend ihrer Deportation, nahmen sie Schlafmittel, legten sich an den Elbstrand, *und das Wasser nahm sie mit.*
Sie hatten oft von Suizid gesprochen. Sie waren Juden und befanden sich in großer Gefahr, die täglich wuchs. Ich wusste, dass sie Angst hatten, aber ich wusste nicht, wovor. Es war unbegreiflich für mich als kleinen Jungen. Ich verstand auch nicht, warum die anderen Kinder begannen, mich zu beschimpfen und mit Dreck zu bewerfen.
Dieses Gefühl des Ausgeliefertseins ist bis heute geblieben, meine Kinderangst, ich kann sie wachrufen. Ich weiß genau, wie die Kinder sich fühlen, die jetzt, fünfundsiebzig Jahre später, fliehen müssen vor einer Gefahr, die sie nicht begreifen können.

Meine Eltern hatten mich, bevor sie starben, zu einem *Wanderpreis* gemacht. Ich verbrachte diese finsteren Jahre bei Menschen, die mich versteckt hielten und dadurch ihr eigenes Leben aufs Spiel setzten.
Zunächst gelangte ich nach Potsdam, dann zurück nach Hamburg, von dort ins Umland, ich lebte in fünf oder sechs Haushalten, manchmal nur für kurze Zeit, manchmal länger, bei Pflegeeltern etwa, bei einer alten Frau, die für mich wie eine Großmutter war, und bei Obstbauern im Alten Land. Ich erinnere mich nur ungenau an Einzelheiten, aber sehr gut an das Gefühl, auf einer bedrückenden Reise zu sein, deren Ziel mir unbekannt war.
Was aus meinen Eltern geworden war, wusste ich nicht. Nicht einmal, dass ich Jude war. Die Gefahr, dass ich mich selbst verrate, war zu groß. Ich erfuhr es erst nach dem Krieg. Den Grund für die Angst.

Ich habe überlebt, als Einziger meiner Sippe. Noch heute steht in meiner Wohnung ein Fluchtgepäck bereit, ein Koffer, den ich nur greifen muss, um das Land zu verlassen. Dieser Koffer ist ein Rudiment meiner Kinderangst. *Ein Erbe meiner selbst.*

Vor dem Fenster des dunklen Zimmers, in dem der alte Mann sitzt, spielen die Kinder im Garten. Die Sonne scheint. Neben dem Schreibtisch steht der Koffer.

Das Reichsparteitagsgebäude ist so groß wie zwei Kolosseen und so entsetzlich wie fünf Pyramiden. Zweihundert Schritte Durchmesser. Es ist heiß an diesem letzten Sonntag im September. Auf dem Weg vom Portal zur Tribüne rastet die Großmutter. Der Junge sammelt Kiesel vom Boden und steckt sie in die Taschen, als wollte er nicht fortgeweht werden.
So sollte es aussehen, wenn es fertig ist, sagt der Vater und zeigt auf den Entwurf im Schaukasten, die Mutter nickt.
In den Logen nisten die Tauben. Unter dem Ahorn liegen zwei Neonazis und warten auf die Vergangenheit.

BERLIN

Papa, sagt der Junge im Bus zum Hermannplatz, die anderen Kinder haben erzählt, dass Hitler schwule Männer verhaftet hat, obwohl er selbst schwul war. *Stimmt das?*
Ich weiß nicht, sagt der Vater. Wenn die anderen Kinder das sagen, wird es schon stimmen.

SAARBRÜCKEN

Der saarländische Spitzenkandidat der Alternative für Deutschland hat nationalsozialistische Orden und Geld aus dem Konzentrationslager Theresienstadt verkauft.
Ich wusste nicht, sagt er, *dass das verboten ist.*

PEENEMÜNDE

Ein Ferientag in der Heeresversuchsanstalt, auf Usedom ist es heute zu kalt zum Baden. *Wieso kann die arme Rakete nicht mehr fliegen,* fragt das Mädchen. *Kein Benzin mehr,* sagt der Vater, dann hebt er das Mädchen hoch, damit es die Vergeltungswaffe besser sehen kann. Es schmiegt sich an sein Plüschtier, *die arme Rakete, Papa, ist die für immer kaputt?*

Auf dem Grunde des Kölpiensees liegt ein Lancaster-Bomber, abgeschossen 1943. Da drüben, in der Baracke für die Zwangsarbeiter, gibt es Softeis. Und im Souvenirgeschäft kann man ein Bilderbuch kaufen: *Der Maulwurf und die Rakete.*

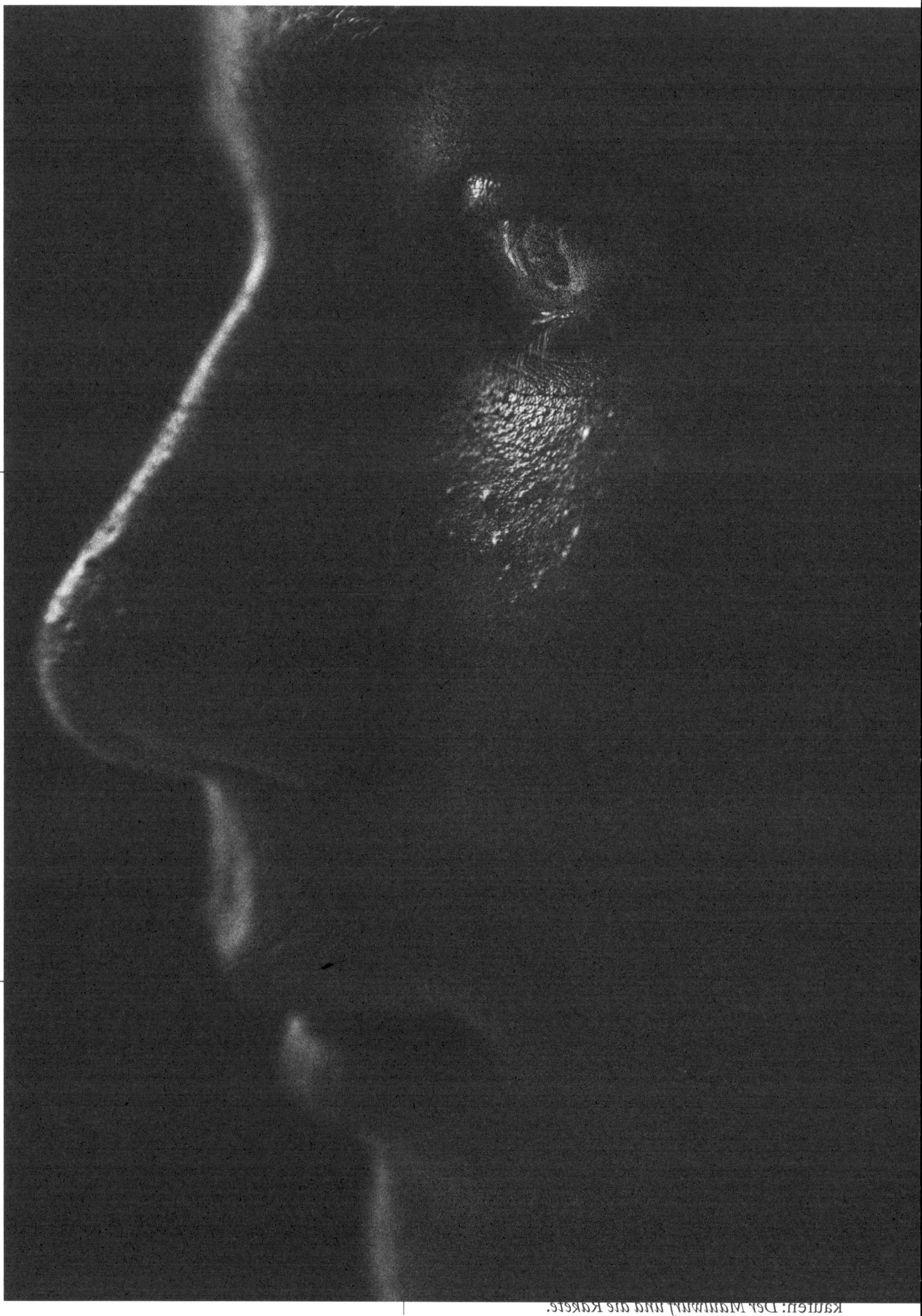

Kaufen: Der Maulwurf und die Rakete.

An [redacted]
ein [redacted]
grau [redacted]
Zwe [redacted]

Ich s [redacted]
bald [redacted]
Tage [redacted]
Alb [redacted]
Ode [redacted]

Das [redacted]
Feld [redacted]
mel [redacted]
vers [redacted]
mei [redacted]
der [redacted]
Auf [redacted]
steh [redacted]
die [redacted]
dem [redacted]
dick [redacted]
acht [redacted]
ladu [redacted]

Ich [redacted]
der [redacted]
ihr [redacted]
mit [redacted]
kne [redacted]
nah [redacted]
ertr [redacted]
fe ru [redacted]
stumm und tot.

BREMEN

An die Wand des verfallenden Hauses hat jemand ein Hakenkreuz gemalt, eine amputierte Spinne auf grauem Putz.
Zwei Häuser weiter steht

ALLAHU AKBAR

Ich schreibe noch immer alles auf, jedes Zeichen. Und bald schon lesen sich meine Aufzeichnungen wie das Tagebuch eines Wahnsinnigen, der nicht zwischen Albtraum und Wirklichkeit unterscheiden kann.
Oder als gäbe es gar keinen Unterschied mehr.

HEEDE

Das Haus, in dem ich aufwuchs, liegt am Weg in die Felder, über denen an manchen Abenden der Himmel leuchtet wie eine erloschene Laterne an einem verseuchten See. Darunter stehen die Tannen, in die meine Mutter die toten Hühner wirft, für den Fuchs, der sie sich holt, wenn niemand ihn sieht.
Auf den Bildern im Album, das im alten Schrank steht, neben dem Kaffeeservice, aus dem als Letzte die graue Tante trank, kurz nach der Landung auf dem Mond, bin ich das einzige Kind auf der Welt, so dick und geliebt, habe immer Geburtstag und werde acht. Es gab Kuchen in der Garage, auf der Einladung stand: *Du wirst nach Hause gebracht.*

Ich hatte Angst vor Flugzeugen, vor der Dogge aus der Dorfstraße, die frei herumlief, groß wie ein Kalb, ihr Geifer klatschte auf das Pflaster, vor dem Mann mit der Maske im Fernsehen, der eine Greisin geknebelt hatte und ihr Erspartes aus der Kommode nahm. Ich hatte Angst vor dem Jungen, der im Kolk ertrunken war vor so vielen Jahren und nicht um Hilfe rufen konnte, weil er doch stumm war, jetzt war er stumm und tot.

Geht nicht zu nah ans Wasser,
sagte die Alte fünf Häuser weiter,
sonst zieht er euch rein.

Ich drosch mit Feldsteinen auf die Schrotpatronen ein, die den Jägern im Wald aus der Munitionstasche gefallen waren, im sauren Regen. Wir spielten Krieg, warum denn nicht, aber wenn die Düsenjäger kamen, wie riesige schreiende Vögel aus dem Nichts, warf ich mich zu Boden, denn was, wenn sie abstürzen, wie in *Ramstein?* Was, wenn sie wieder Bomben werfen, wie auf meinen Vater?

ANSBACH

Am Eingang eines Konzertgeländes hat sich ein Siebenundzwanzigjähriger mit einer Rucksackbombe in die Luft gesprengt. Zehn Menschen sind verletzt worden, drei davon schwer. Sein Name bedeutet *der Gepriesene.*
Die Polizei durchsucht am nächsten Morgen sein Zimmer im Hotel Christl, bewaffnete Polizisten stehen neben einem grünen Trabant. *Der Terror kommt immer näher,* klagt eine Frau im Radio. Der viel beschäftigte Angstforscher rät ihr, darauf zu hoffen, dass sie nicht Opfer eines Anschlags wird.

Und wie ein Dieb, dessen Sohn zum Mörder geworden ist, blickt *Gott* auf all das herab.

MÜNCHEN / PARIS

Meine Freunde hielten sich weiterhin unter dem Tisch versteckt, sagt der Mann, ich befand mich noch immer in dieser halb liegenden Haltung. Es hat eine Weile gedauert, bis wir uns trauten, uns zu rühren. Woher sollten wir wissen, dass der Schütze nicht zurückkommt und weitermacht? Woher sollten wir wissen, dass es tatsächlich vorbei ist?

Nach etwa fünf Minuten trat ein junger Polizist in das Restaurant. Er war kreidebleich. Es roch nach Wunderkerzen, das war der Rauch aus den Gewehrläufen. Der Polizist versuchte zu ermitteln, wer Hilfe brauchte. Dann verteilte er verschiedenfarbige Karten, rot stand für *schwer verletzt*. Dadurch erst bemerkte ich, dass am Eingang ein Mann lag, der eine Schusswunde im Bauch hatte, er presste ein Kleidungsstück darauf, ein Freund hielt ihn im Arm. Dieser Mann war ganz ruhig, sein Blick war abwesend, der Blick eines Sterbenden. Ich weiß nicht, was aus ihm geworden ist.
Weil er im Eingang lag und wir nicht über ihn steigen wollten, konnten wir das Restaurant zunächst nicht verlassen. Erst nach einer Viertelstunde traten wir auf die Kreuzung, wir liefen geduckt, kauerten uns hinter ein parkendes Auto, andere versteckten sich in den Hauseingängen. Es kamen aber auch Leute herbeigelaufen, voller Angst um ihre Freunde und Angehörigen, die den Abend hier verbracht hatten, ein Mann mit Motorradhelm, der nach jemandem suchte, sorgte für neue Panik, jeder war suspekt, jeder hätte der Täter sein können, selbst die Zivilpolizisten mit ihren Waffen.
Und überall lagen Tote und Verletzte. An der Kreuzung, an der wir zu Abend gegessen hatten, sind fünfzehn Menschen gestorben.

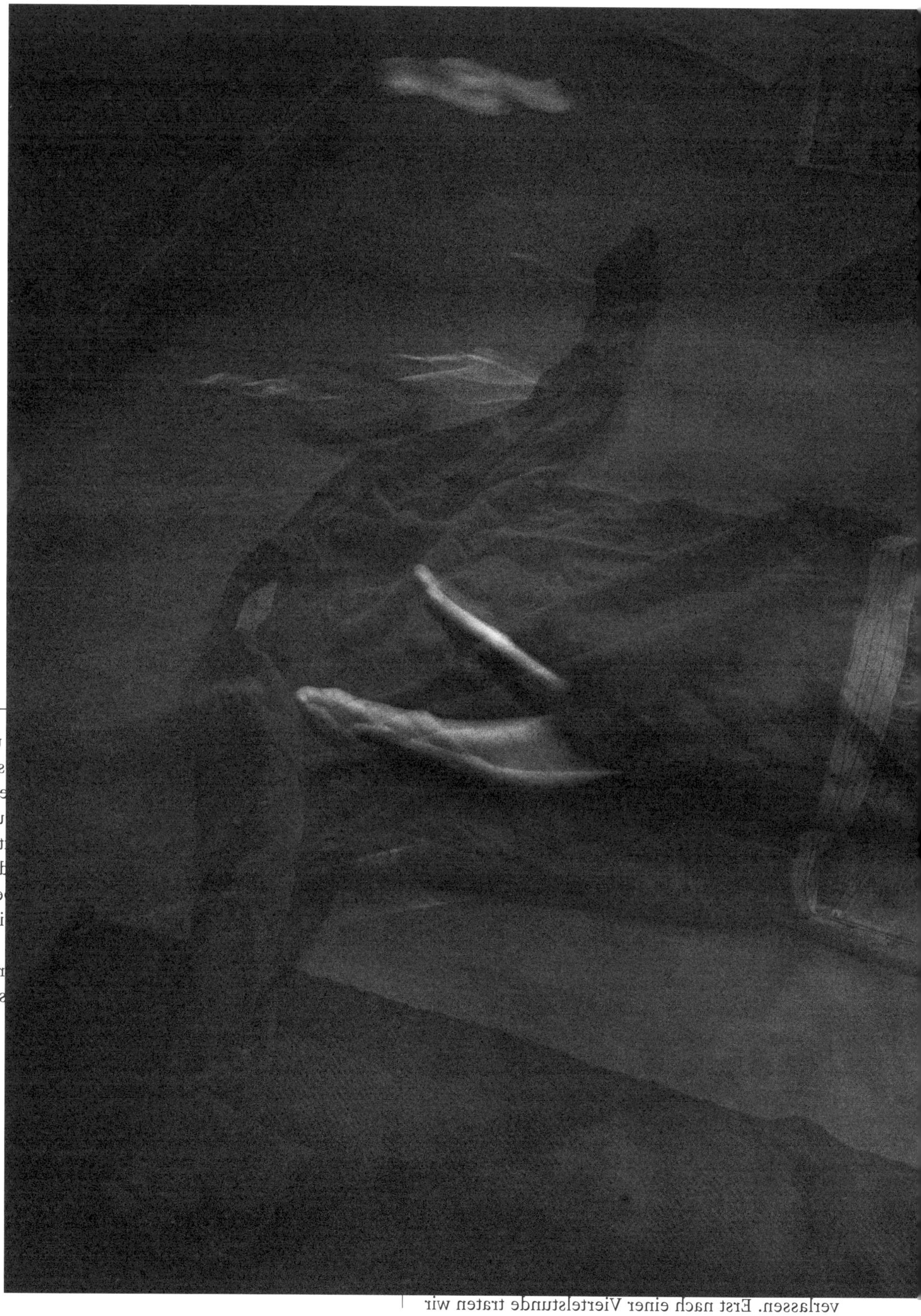

uns
sich
eute
und
ten,
dem
ekt,
-ivil-

reu-
sind

verlassen. Erst nach einer Viertelstunde traten wir

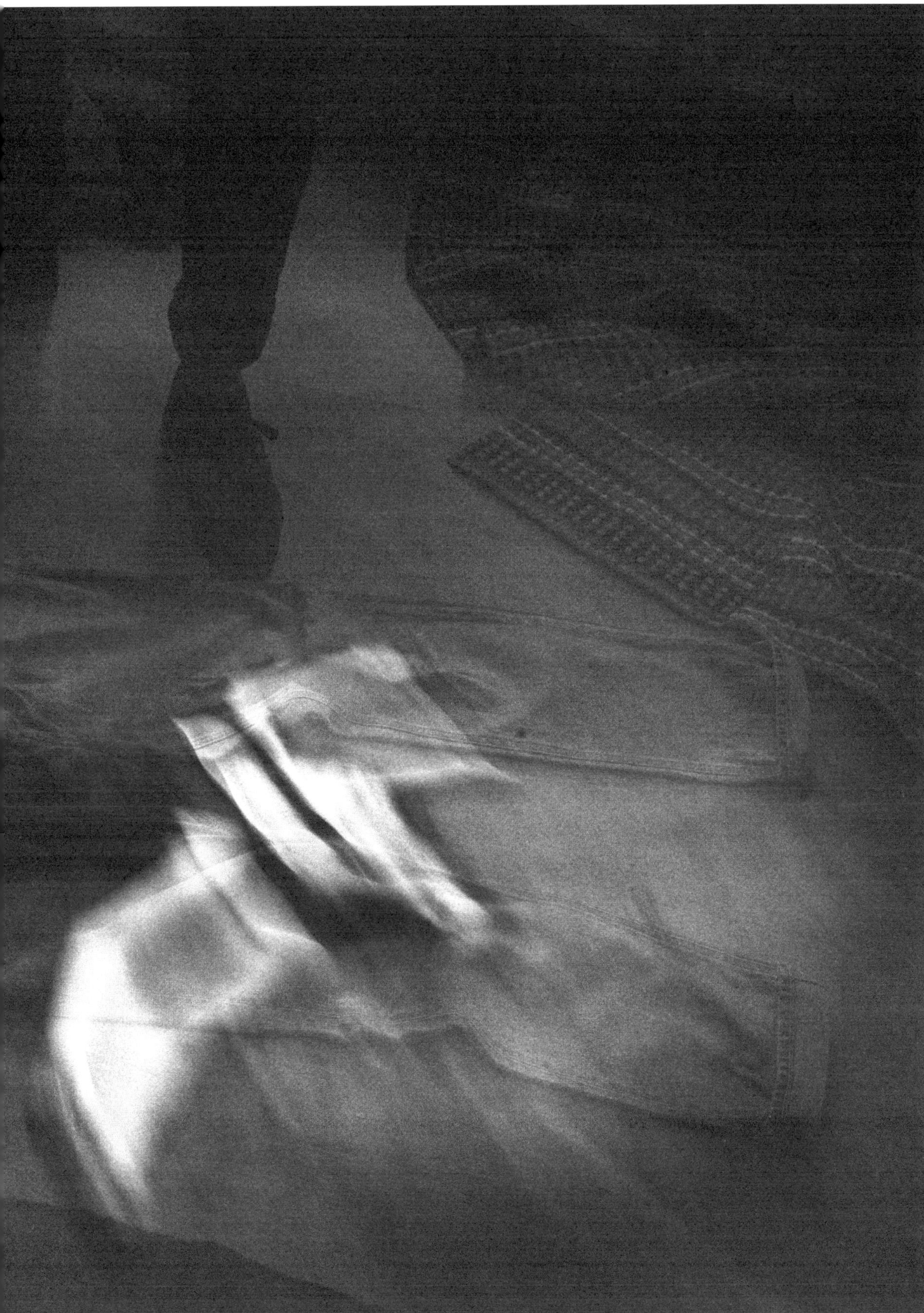

In Z
Sch
unte
wäh
schl
Er i
Hei
wir s
Dan
Aug

Auf
Wer
Jetzt
Abe
hab

Wir
wie
in d
uns
zwe
rer w
hinu
selb
vorb
ten i
Ich s
an,

NEUKIRCH

In Zimmer siebzehn der Unterbringung stehen ein Schrank, ein Tisch, zwei Stühle und ein Stockbett, unten liegt der Mitbewohner des jungen Kurden, während des Gesprächs, das zwei Stunden dauert, schläft er ohne Unterlass. Mitunter stöhnt er leise.
Er ist sehr müde, sagt der junge Kurde. *In unserer Heimat konnten wir beide nicht schlafen. Hier können wir schlafen, dafür haben wir Albträume.*
Dann lacht er mit dem Mund, nicht aber mit den Augen.

BAD NENNDORF

Auf dem Parkplatz will ein Kind mit seiner Mutter Werwolf spielen. Es springt um sie herum und ruft:

`Jetzt hast du Angst.`

Aber die Mutter sagt: Ich kann erst zu Hause Angst haben, *hier sind mir zu viele Autos.*

MÜNCHEN / PARIS

Wir mussten fort von dieser Kreuzung, so schnell wie möglich, sagt der Mann, wir wollten irgendwie in die Wohnung einer Freundin gelangen, die mit uns in dem Restaurant gewesen war. Wir nahmen zwei Taxis, ich saß in dem, das vorausfuhr. Der Fahrer wusste von nichts, er raste den *Boulevard Voltaire* hinunter, mitten in das Blaulicht hinein, es war derselbe Weg, den die Attentäter genommen hatten, vorbei an den Tatorten, durch ein Kriegsgebiet mitten in Paris.
Ich saß auf dem Beifahrersitz, ich schrie den Fahrer an, *fahr, fahr, fahr,* ich hatte das Gefühl, wir werden nie hier rauskommen, das hört nie mehr auf.
Wenn ich von diesem Abend träume, sagt der Mann, ist es immer dasselbe: Wohin ich auch fliehe, sie sind schon da. Es gibt kein Entkommen.

Auf Deutschlands größtem Autohof kann man vierundzwanzig Stunden am Tag Schnitzel essen. *Wir tanken Sie auf,* steht auf dem Schild, *an Körper, Seele, Geist und Fahrzeug.*
Ein Doppelzimmer mit Frühstück kostet einundneunzig Euro. Auf dem Nachttisch liegt das Neue Testament neben dem Bewertungsbogen, *sehr gut, gut, befriedigend, schlecht.* Draußen, hinter der Gardine, schlafen die Lastwagen, die Reklame leuchtet gelb, *Erotic Shop.* Am Turm der Autobahnkirche steht *Kommt alle.*

Vor einem Jahr übernachteten zwei Terroristen hier, bevor sie weiterfuhren, nach Brüssel, nach Paris.

546 Kilometer. 35 Tote.
709 Kilometer. 130 Tote.

Lag auf ihrem Kissen auch ein Lutschbonbon?
Waren sie mit dem Aufenthalt zufrieden?

Unser Zimmer ist von Blattwanzen befallen. Das Problem sei bekannt, sagt die Rezeptionistin, der Kammerjäger jedoch ratlos.

Auf Deutschlands größtem Autohof kann man vierundzwanzig Stunden am Tag Schnitzel essen. *Wir tanken Sie auf*, steht auf dem Schild, *an Körper, Seele, Geist und Fahrzeug.*

Ein Doppelzimmer mit Frühstück kostet einundneunzig Euro. Auf dem Nachttisch liegt das Neue Testament neben dem Bewertungsbogen, *sehr gut, gut, befriedigend, schlecht*. Draußen, hinter der Gardine, schlafen die Lastwagen, die Reklame leuchtet gelb, *Erotic Shop*. Am Turm der Autobahnkirche steht Kommt alle.

Vor einem Jahr übernachteten zwei Terroristen hier, bevor sie weiterfuhren, nach Brüssel, nach Paris.

546 Kilometer. 35 Tote.
709 Kilometer. 130 Tote.

Lag auf ihrem Kissen auch ein Lutschbonbon?

[redacted]

[redacted]

GÖTTINGEN

Diese verdammten Horrorclowns, sagt der alte Mann beim Mittagessen in der Metzgerei. *Wenn auf mich einer zukäme mit so einer Maske: Zack, auf die Fresse.* Dann führt er mit zitternder Hand einen Löffel Suppe zum Mund.

BAD DRIBURG

Und im Radio spielen sie wieder *Ich weiß, es wird einmal ein Unglück geschehen.*

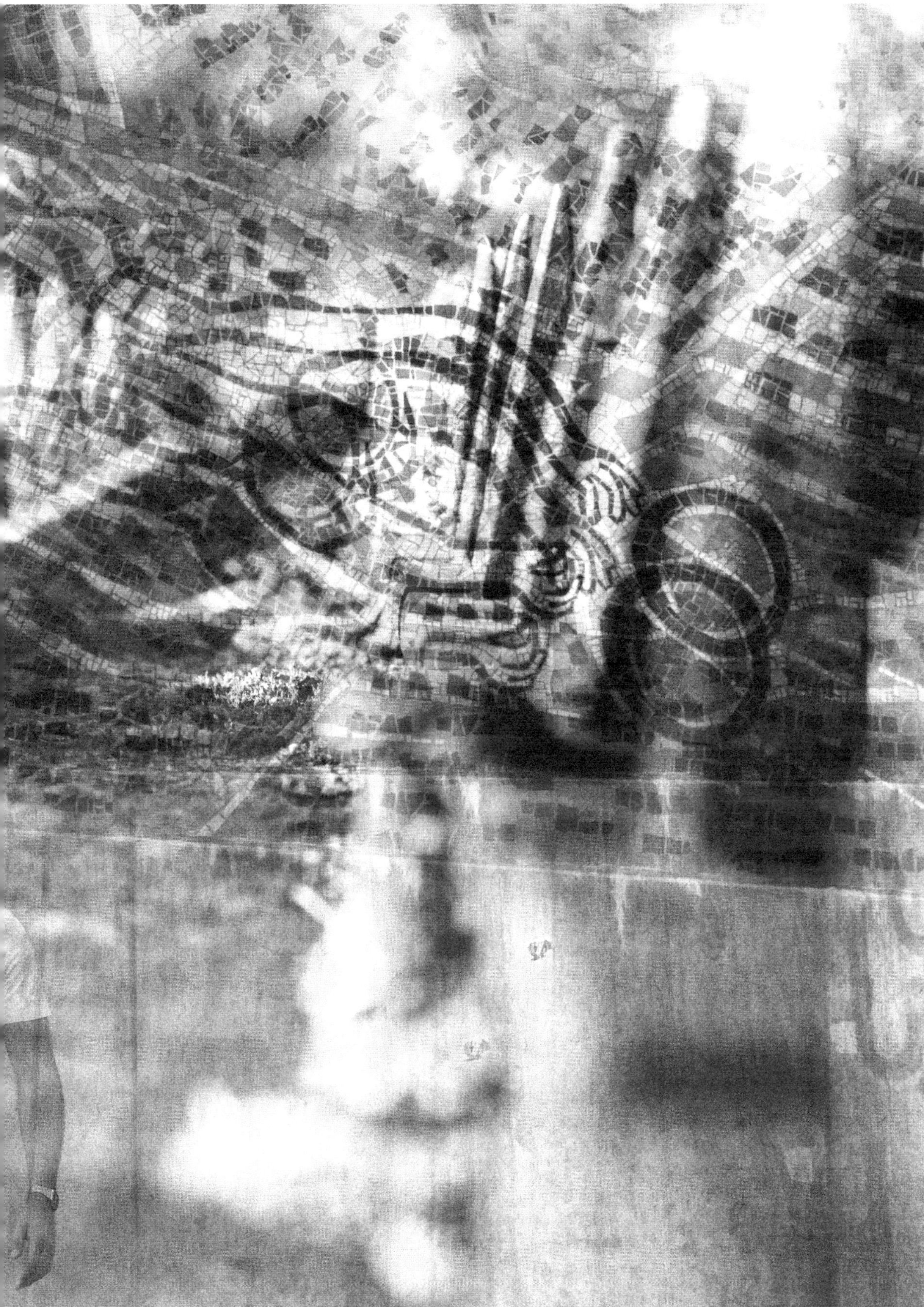

644
gang
Heu
aus
Bre
mac

Mei
aus
sah.
tung
ter,
alt.
ihm

Was
aufw
Die
ten
sie s

Das
Hau
mei
Fens

644.000 Kilometer Straße. Aber den Bahnübergang, an dem mein Onkel stand, gibt es nicht mehr. Heute führt eine Brücke über die Schienen, von der aus man den Zügen nachschauen könnte, die nach Bremerhaven fahren und nach Osnabrück, aber wer macht so was schon.

Mein Onkel stand an der Schranke, sein Arm hing aus dem Fenster, es war das letzte Mal, dass er ihn sah. Dann kam ein Lastwagen aus der Gegenrichtung und riss ihn ihm ab, kurz unterhalb der Schulter, es war im Juli 1966, mein Onkel neunzehn Jahre alt. Vom Fliegerhorst her kamen die Soldaten, um ihm Blut zu spenden.

Was, dachte seine Schwester, meine Mutter, wenn er aufwacht, und mich fragt:

Wo ist mein Arm?

Die Familie hielt Wache an seinem Bett, sie streichelten die Hand, die er noch hatte, und später wuschen sie sie ihm, er weinte ins Becken.

Wo ist mein Arm?

Das Wrack schleppten sie auf die Wiese neben dem Haus, dort stand es für Jahre. *Ich habe es gehasst,* sagt meine Mutter. Sie fährt nur noch mit geschlossenen Fenstern.

WIESBADEN

Die Väter in ihren großen Autos, sie rechnen und rechnen, aber sie finden die Lösung nicht, denn gleich, was sie tun, die Zukunft wird immer vor ihnen liegen, und damit wird auch die Angst bleiben, wo sie ist: in ihnen.
Sie hupen. Natürlich hupen sie.

MÜNCHEN

Im Bahnhofsviertel bietet ein Mann den Passanten auf dem Gehsteig Messer zum Kauf an. Niemand will sie, selbst als er den Preis senkt.

KÖLN

Im Fernsehen wird der Film *Terror* gezeigt, in dem ein Kampfpilot ein entführtes Passagierflugzeug abschießt, bevor es in ein voll besetztes Stadion gelenkt werden kann. Danach können die Zuschauer abstimmen, ob er des Mordes schuldig gesprochen werden müsse oder nicht. In einer Gesprächsrunde wird über dieselbe Frage diskutiert.

Nein, ruft der ehemalige Innenminister.
Doch, ruft der ehemalige Verteidigungsminister.

Nein.
Doch.

Entscheiden Sie über das Schicksal eines Menschen, ruft der Sender die Zuschauer auf. Ergebnis der Volksabstimmung: Der Pilot wird freigesprochen.
Ich denke, das ist richtig, sagt ein Schlagerstar hinterher. *Er muss den Rest seines Lebens mit dieser Last verbringen, das ist hart genug.*

WIESBADEN

Der hessische Landesverband der Alternative für Deutschland will im Falle eines Terroraktes Plakate mit der Aufschrift *Danke, Frau Merkel!* aufhängen lassen. Durch eine Personifizierung zukünftiger Anschläge solle das Ziel erreicht werden, so heißt es, *die Bundeskanzlerin möglichst schnell ihres Amtes zu entheben.*

BERLIN

Eine Freundin erzählt mir von dem Traum, den sie letzte Nacht hatte. Sie unternahm eine Bergwanderung mit der Bundeskanzlerin. Plötzlich drehte diese sich zu ihr um und bat sie, ihr Murmeltier für einen Moment zu halten.
Dann sank die Kanzlerin ins Gras.
Ich kann nicht mehr, sagte sie mit schwacher Stimme.
Joachim hat mich verlassen.

MÜNCHEN / PARIS

Als wir etwa eine Stunde nach dem Angriff endlich in der Wohnung unserer Freundin angelangt waren, sagt die Frau, habe ich sofort meinen Pullover ausgezogen und nachgeschaut, ob ich nicht doch irgendwo getroffen worden war. Ich konnte gar nicht glauben, dass ich unverletzt geblieben sein sollte.

Sie zieht sich jetzt die Mütze vom Kopf, als wollte sie zeigen, dass sie nicht blutet. Ihre Haare sind schön.

Jemand schaltete den Fernseher ein, sagt sie, und erst da wurde uns klar, welches Ausmaß die Attentate hatten, das Stadion, die Bars und Restaurants, *es geschah überall.* Die Konzerthalle war nur wenige Hundert Meter von der Wohnung entfernt, in der wir uns aufhielten. Wir hörten die Detonationen. Wir waren noch immer mittendrin.
Wir waren zu siebt in dieser kleinen Wohnung, wir blieben dort zwei Tage lang. Es war eine Ausgangssperre verhängt worden, weil niemand wusste, ob es jetzt wirklich vorbei ist.

Ich fand keine Ruhe. Ich war so wach wie nie zuvor in meinem Leben. Die ganze Nacht schaute ich aus dem Fenster, weil ich wissen wollte, was draußen vor sich geht.
Im Morgengrauen sah ich zwei Männer, die, mitten in diesem Inferno, ein Auto klauten.

BERLIN

Ich fuhr von der Party nach Hause, sagt die junge Frau aus Neukölln, ich legte mich ins Bett und schaltete einen Kinderfilm ein.
Ein Kind zu sein, das noch nichts weiß von der Welt: Mir diesen Zustand vorzugaukeln, das schien mir der einzig mögliche Schutz. Keine Nachrichten zu hören, keinen Menschen zu sehen, der mir etwas Neues erzählen könnte. Nicht einmal die Gedanken zuzulassen, die mir von allein in den Kopf kommen wollten: *In der Konzerthalle erschießen sie jetzt einen nach dem anderen.*

So blieb ich liegen, für Tage, für Wochen, nur unterbrochen von den Pflichten des Alltags. Ich fuhr zur Arbeit, aber nicht mehr mit der U-Bahn, sondern mit dem Fahrrad, bei jedem Wetter und viel früher als nötig, weil ich mir ausgerechnet hatte: *Morgens um sieben schlafen Terroristen noch.*
Abends legte ich mich wieder ins Bett und schaltete den Kinderfilm ein.

Langsam versuche ich jetzt, wieder an mein altes Leben anzuknüpfen, aber wenn ich irgendwo mit meinen Freunden sitze und ein Geräusch höre, das klingt wie ein Schuss oder ein Knall, ist der Abend für mich vorbei.
Vor allem Konzerte kann ich nicht mehr genießen. Ich schaue nicht auf die Bühne, ich schaue nur noch nach den grün leuchtenden Schildern: Notausgang. Dorthin, wo ich entkommen kann, wenn es geschieht.

Das nehme ich den Terroristen wirklich übel: *dass sie mir die Musik weggenommen haben.*

ASCHEN

Ich erinnere mich an einen Jungen, der sich einen Sommer lang vor einem entflohenen Mörder versteckte. Er hatte von ihm im Radio gehört und saß nun bei seiner Großmutter unterm Dach, die Kette rauchte und trank. Er kann nicht herunterkommen zum Spielen, rief er aus dem Fenster: *Zurwehme ist da.* Im Herbst kam der Junge wieder hinaus zum Spielen, er hatte trockenen Husten. Der Mörder saß im Gefängnis. Als die Polizei ihn aufgriff, sagte er: *Ich bin der, den Sie suchen.*

HILDESHEIM

Die Polizei nimmt den *Prediger ohne Gesicht* fest.

HEEDE

Tausend Wunden wollen die Terroristen uns zufügen, sagt mein Vater, die wissen wohl nicht, *wie kaputt ich sowieso schon bin.*

Aber die Kleinen, sagt er. *Pass auf deine Kinder auf, Junge, pass auf.*

Die Anführer sollen in einem Staudamm sitzen, im Irak, wenn man den sprengt, ersaufen Zehntausende, sagt mein Vater, deswegen können die da sitzen und ihre Leute losschicken, mit Rucksäcken und Äxten und Lastwagen, die feigen Hunde.

Er holt jetzt den Atlas, der im alten Schrank neben den Alben steht, *wo ist Mossul, wo ist Ansbach, was geht mich diese Scheiße an,* sagt er, *seit wann ist die Welt so groß, und ich bin so klein.*

War was in den Nachrichten, fragt meine Mutter, als sie vom Fuchs zurückkehrt, ohne Huhn.

Wir sind im Krieg, sagt mein Vater.

Und morgen soll es regnen.

Die ganze Zeit über, sagt der Mann im Kreuzberger Keller, hatte mein Onkel, der schon nach Deutschland geflohen war, sich darum bemüht, uns nachzuholen. Und eines Tages schaffte er es, *wir durften raus.*

Wir kamen in einem Flüchtlingsheim in Brandenburg an der Havel unter, inmitten von Menschen, die den Krieg in sich trugen, den Schmerz und die Trauer. Es war, als wären wir noch immer im Krieg.

Ich hielt es einfach nicht aus. Ich flüchtete erneut,

In der Waschküche sitzen drei Männer und starren in die sich drehenden Trommeln. Nebenan ein Raum voller Schlafsäcke, ein Archiv des Mindesten.

Zweitausendsiebenhundert Geflüchtete waren einmal hier, jetzt sind es noch einhundertsiebzig. Seit es in Ungarn einen hohen Zaun gibt, kommen die Busse nicht mehr.
In der Teestube hängt eine Deutschlandkarte an der Wand. 644.000 Kilometer Straße. Unten links klebt ein roter Punkt: Donaueschingen.

Geisterstadt.
Gespensterland.

Ich denke oft an meine Freunde, mit denen ich die Altstadt verteidigen wollte, als der Krieg nach Prijedor kam. Einer wurde nach der gescheiterten Rückeroberung von den Serben erschossen, zwei starben im Lager, einem gelang die Flucht nach Schweden, einem nach Kanada.

Und von einem habe ich nie wieder etwas gehört.

Die ganze Zeit über, sagt der Mann im Kreuzberger Keller, hatte mein Onkel, der schon nach Deutschland geflohen war, sich darum bemüht, uns nachzuholen. Und eines Tages schaffte er es, *wir durften raus.*

Wir kamen in einem Flüchtlingsheim in Brandenburg an der Havel unter, inmitten von Menschen, die den Krieg in sich trugen, den Schmerz und die Trauer. Es war, als wären wir noch immer im Krieg.

Ich hielt es einfach nicht aus. Ich flüchtete erneut, nach Berlin.

Hier habe ich mich durchgeschlagen, mich dem Leben hingegeben, das tue ich eigentlich immer noch, nach 21 Jahren. Ich bin immer noch Flüchtling. Meine Heimat ist verloren, ich kehre zwar jeden Sommer dahin zurück, wir haben unser Haus wieder aufgebaut, aber ich bin dort unter Mördern.

Ich denke oft an meine Freunde, mit denen ich die Altstadt verteidigen wollte, als der Krieg nach Prijedor kam. Einer wurde nach der gescheiterten Rückeroberung von den Serben erschossen, zwei starben im Lager, einem gelang die Flucht nach Schweden, einem nach Kanada.

Und von einem habe ich nie wieder etwas gehört.

DONAUESCHINGEN

Die alte französische Kaserne ist jetzt eine Erstunterbringung. Aus dem *Foyer du Soldat* weht die Musik über den verwaisten Exerzierplatz. Das Lagerradio sendet ins Nichts.
Ein Junge geht mit einer leeren Tüte in der Hand in seine Baracke, er geht langsam, beinah rückwärts. Im Offizierskasino schauen zwei Sicherheitsleute einen Liebesfilm, *wir bewachen den Saal,* sagen sie. In der Waschküche sitzen drei Männer und starren in die sich drehenden Trommeln. Nebenan ein Raum voller Schlafsäcke, ein Archiv des Mindesten.

Zweitausendsiebenhundert Geflüchtete waren einmal hier, jetzt sind es noch einhundertsiebzig. Seit es in Ungarn einen hohen Zaun gibt, kommen die Busse nicht mehr.
In der Teestube hängt eine Deutschlandkarte an der Wand. 644.000 Kilometer Straße. Unten links klebt ein roter Punkt: Donaueschingen.

Geisterstadt.
Gespensterland.

HAMBURG

Fünf Jahre nach seiner Flucht telefonierte der afghanische Junge erstmals wieder mit seiner leiblichen Mutter.
Sie hat sofort gefragt, sagt er, ob ich noch beide Beine habe. Sie hatte geträumt, dass sie mir abgerissen wurden.
Mir geht es gut, Mama, sagte ich. *Mir geht es gut.*

Wir weinten.

FRIEDLAND

Auf dem Hagenberg steht das Denkmal für die Heimkehrer und Vertriebenen, angestrahlt bei Nacht wie ein sozialistisches Hotel. In der Ferne, auf der Autobahn, rauschen die Stunden vorüber, Tage, Jahre.

Die erste Inschrift lautet:

WIR KAMEN AUF DEN STRASSEN DES KRIEGES,
DER GEFANGENSCHAFT,
FLUCHT UND VERFOLGUNG —
AUS DER HEIMAT VERTRIEBEN.

Unter den Eichen hat jemand ein Herz aus gelbem Laub ins Gras gelegt. Der Parkplatz, gebaut für hundert Busse, ist leer. Unten schläft das Dorf wie ein Eimer voll Schnee.

Die siebte Inschrift lautet:

VÖLKER,
VERSÖHNT
EUCH!

Zuerst kamen die Deutschen in das Durchgangslager, dann die Ungarn, die Chilenen, die Vietnamesen, auch Tamilen und Albaner, wieder die Deutschen, die Iraker und jetzt die Syrer.

Die elfte Inschrift lautet:

DANKSAGUNG FÜR
DIE ERRETTUNG —
MAHNUNG AN
DIE NACHWELT,
FREIHEIT UND
MENSCHENWÜRDE
NIEMALS
AUFZUGEBEN.

An der Heimkehrerstraße steht ein Geflüchteter unter der Laterne, seine Gefühle hat er mit den Händen in den Taschen versenkt.

ger,
sen,
die

eter
Hän-

Übe
dies
los u
ruhe
ein
ist C
Alle
Sche
Ges
gem
Zwe
die
vorv
steh
in e
steh
stell
nen

Nie
U-B
doch
Nie

Vor
po
Fr
He
un
Ich
de

MÜNCHEN

Über die halb leere Theresienwiese patrouillieren an diesem Dienstagabend die Sicherheitsdienste, zahllos und misstrauisch, wie Alliierte in einer Waffenruhe, der sie nicht trauen dürfen. Am Einlass wird ein Rollstuhlfahrer auf Sprengstoff kontrolliert. Es ist Oktoberfest.
Alles Unsinn, sagt der Mann, der in seiner Bude Scherzfotos von Touristen macht, sie stecken ihre Gesichter durch Pappwände, auf die nackte Körper gemalt sind, *wie soll denn da Stimmung aufkommen?* Zwei gekrümmte Bauersleute schleppen sich durch die Gassen, als kämen sie von einer Heuernte des vorvergangenen Jahrhunderts. *I gib di nimmer her,* steht auf dem Lebkuchenherz eines Jungen, der sich in einen Abfalleimer erbricht. Vier Geflüchtete stehen vor einem Holzkarussell wie entlassene Darsteller einer Völkerschau, und im Zelt der Prominenten spielt die Kapelle *We are the Champions.*

Niemand achtet mich, klagt der Aufpasser an der U-Bahn-Station Schwanthalerhöhe, *dabei habe ich doch eine Schutzmannausbildung.*

Niemand achtet mich, klagt er, *nur weil ich keine Waffe trage.*

HANNOVER

[redacted]

Vor dem Laden sitzt ein kleiner Junge auf einem elektrischen Pferd. Ein Mann wirft eine Münze hinein, das Pferd galoppiert los, der Mann geht hinein. Der Junge gibt dem Pferd die Sporen, ein Hund, der an einen metallenen Ascheimer gebunden ist, beobachtet ihn aus halb geschlossenen Augen.
Aus dem Laden kommt eine Frau und ruft: *Jonas! Wer hat dir denn Geld für das Pferd gegeben?*
Der Junge sagt: *Ein Onkel.*
Dann beginnt er, laut zu weinen. Der Hund erschrickt und rennt davon, an der Frau, dem Jungen, dem elektrischen Pferd vorbei, ins Dunkel. Den metallenen Ascheimer zieht er hinter sich her.

Man hört ihn noch,
als das Pferd längst wieder stillsteht.

DIEPHOLZ

An einem lauen Abend, der nach Flieder roch und der Restwärme, die von den Steinen emporstieg, stand er vor mir und schnitt mit dem Daumen über seine Kehle. Die Henkersgeste. *Ich bring dich um.*

Sein Name war Klaus. Er war mein erster Neonazi.

Uns trennte eine Fensterscheibe. Er stand draußen im Schein der Laterne, hinter ihm drei oder vier seiner kojotenhaften Vasallen, feixend und lüstern. Ich stand in dem Häuschen, in dem wir einen Geburtstag feierten, hinter mir fünfzehn oder zwanzig Freunde. Als einige noch stritten, ob es feige sei, sich hier vor Klaus einzuschließen, rief einer schon die Polizei an: *Bitte kommen Sie schnell, wir sind gefangen, er ist da draußen.*

Klaus war das Monster, das unter dem Bett hervorgekrochen kam. Man sagte, dass er mit dem Luftgewehr Katzen erschieße. Dass er bei der Fremdenlegion gewesen sei, der verlorene Sohn aus gutem Hause. Dass er eingesessen habe wegen versuchten Mordes. Dass er einem Mädchen einen Stuhl über den Kopf gezogen habe. Dass er ein *Neonazi* sei. Ein gefährlicher Mann.

Als der Streifenwagen vorfuhr, war er schon nicht mehr da: Als würde er das Zwielicht einsaugen, verschwand er stets im Dunkel.
Da sind wir wohl umsonst gekommen, sagte der Polizist.
Ist das nicht wenigstens Nötigung, was der macht, sagte einer von uns, sein Vater war Anwalt.
Kann sein, sagte der Polizist.

Auf den Hals hatte sich Klaus das Wort Hass tätowieren lassen.

sei.

icht
ver-

zist.
acht,

Mordes. Dass er einem Mädchen einen Stuhl über

Das
geht
Was
aus
Im M
dies

Auf
Ban
gewo
dar
spür
Ich
Was
hatt
geda
Die

Es w
läuf
Auf
Lan
tive

Fast
ins
sein
Hier
fühl

Nac
nen
getr
Stad
führ
Mitt
das

In
Vate
mit
Deu
herr
Stad
rufe

DEMMIN

Das *Wasser*, so nennen sie die Peene hier. Ein Angler geht auf Hecht und Barsch. *Damals,* sagt er, *war das Wasser voller Leichen. Die Leute haben sich ertränkt aus Angst vorm Russen.*
Im Mai 1945 nahmen sich neunhundert Menschen auf diese Weise das Leben. Jeder siebzehnte Einwohner.

Auf dem Friedhof sitzen zwei alte Frauen auf der Bank am Findling. *Freitote, am Sinn des Lebens irre geworden,* steht auf der Plakette. *Es wird nicht mehr darüber gesprochen im Ort*, sagt die eine. *Aber man spürt es noch, sagt die andere, wenn man am Wasser ist.* Ich sah Mütter mit ihren Kindern an der Hand zum Wasser laufen, sagt sie schließlich, ganze Familien hatten sich mit Seilen zusammengebunden. Ich habe gedacht, was soll denn das?
Die Leichen, sagt sie, waren rot-blau.

Es wird jetzt wieder früher dunkel. Den Kai entlang läuft ein Mädchen in den leeren Abend hinein. Auf der Hafenmauer steht *Jesus liebt dich*. Bei den Landtagswahlen im September erreicht die Alternative für Deutschland einundzwanzig Prozent.

**Geht nicht zu nah ans Wasser,
sagte die Alte fünf Häuser weiter,
sonst zieht er euch rein.**

BAUTZEN

Fast jeden Nachmittag kommt der Sechzehnjährige ins Steinhaus, das Jugendzentrum am Ort, um mit seinen Freunden Tischtennis zu spielen.
Hier ist der einzige Ort, sagt er, *an dem ich mich sicher fühle.*

Nach den Ausschreitungen am Kornmarkt, bei denen achtzig Neonazis auf zwanzig Geflüchtete getroffen waren und diese schließlich durch die Stadt gehetzt hatten, wurde er als einer der *Rädelsführer* ausgemacht, denen die Polizei eine *erhebliche Mitverantwortung* an der Eskalation zuwies. Er hat das Gesicht eines Kindes.

In meiner Heimat herrschte Krieg, sagt er, mein Vater ist von einer Bombe getötet worden. Ich floh mit meiner Mutter und meiner Schwester nach Deutschland, um in Frieden zu leben. Aber hier herrscht kein Frieden. Wenn ich allein durch die Stadt laufe, werfen die Nazis Flaschen auf mich. Sie rufen, *hau ab.* Sie schlagen mich.
So geht es vielen von meinen Freunden. Wir sind wütend, sagt er. Seine Stimme ist hoch und hell. *Wir sind wütend.*
Am Kornmarkt hat sich dann einer von uns gewehrt: Er hat zurückgeschlagen. Das war bestimmt nicht richtig, aber wie lange soll man sich schlagen lassen, ohne sich zu wehren?
Irgendwann kam die Polizei und hat uns eingekreist. Die Nazis hat sie aber in Ruhe gelassen.
Die haben angefangen, habe ich gesagt, *nicht wir.*
Halt den Mund, hat der Polizist gesagt.

Wir sind den Nazis ausgeliefert, niemand schützt uns. Ich möchte weg von hier. Irgendwohin, wo Frieden herrscht.

DRESDEN

Im Büro der Opferberatung rufen die Mitarbeiter sich die Fälle von Gewalt gegen Geflüchtete zu, als wären sie Chirurgen in einem Krisengebiet. Sie sind junge Menschen mit den ernsten Gesichtern von Statuen. Ihre schweren Rucksäcke sind gepackt für heikle Missionen.

Was wir erleben, sagt die Opferberaterin, ist im Grunde nicht neu. Die Neonazis, die nur nach einem Vorwand suchen, um endlich loszuschlagen, waren vorher schon da. Genauso wie die *besorgten Bürger*, ihre Intoleranz, ihr Rassismus. Ich fahre schon lange nicht mehr mit der Straßenbahn, weil ich ihr Gerede nicht ertrage. Und weil ich zu müde bin, um das Wort dagegen zu erheben.
Neu ist aber, dass diese beiden Gruppen zueinander gefunden haben, dass sie sich gegenseitig legitimieren und hochschaukeln.
Das Ergebnis ist die vollkommene Verrohung. Die Geflüchteten sind für viele Leute nur noch eine namenlose Masse, die gehasst werden darf, bedroht und geschlagen. *Sie sind entmenschlicht worden.*

Was kann ich den Geflüchteten raten? Bleibt hier, haltet stand, ruft es laut aus, wenn euch Unrecht widerfährt. *Wenn ihr geht, haben sie gewonnen.*

DUISBURG / ALEPPO

Abends im Fernsehen. Zwei Jungen springen vom Rande eines Bombenkraters in das trübe Wasser, das sich darin gesammelt hat. Sie kreischen, es ist ein heißer Tag.
Am Rande des Kraters liegt eine Leiche.

HAMBURG

Im Fernsehen, nachts.
Moderator: *Wenn die vier Leben aufgebraucht sind, ist es vorbei.*
Kandidat: *Alles klar.*

Im Büro der Opferberatung rufen die Mitarbeiter sich die Fälle von Gewalt gegen Geflüchtete zu, als wären sie Chirurgen in einem Krisengebiet. Sie sind junge Menschen mit den ernsten Gesichtern von Statuen. Ihre schweren Rucksäcke sind gepackt für heikle Missionen.

Was wir erleben, sagt die Opferberaterin, ist im Grunde nicht neu. Die Neonazis, die nur nach einem Vorwand suchen, um endlich loszuschlagen, waren vorher schon da. Genauso wie die *besorgten Bürger*, ihre Intoleranz, ihr Rassismus. Ich fahre schon lange nicht ertrage. Und weil ich zu müde bin, um das Wort dagegen zu erheben.

Neu ist aber, dass diese beiden Gruppen zueinander gefunden haben, dass sie sich gegenseitig legitimieren und hochschaukeln.

Das Ergebnis ist die vollkommene Verrohung. Die Geflüchteten sind für viele Leuten nur noch eine namenlose Masse, die gehasst werden darf, bedroht und geschlagen. *Sie sind entmenschlicht worden.*

Was kann ich den Geflüchteten raten? Bleibt hier, haltet Stand, ruft es laut aus, wenn euch Unrecht

Im Fernsehen, nachts.

Moderator: *Wenn die vier Leben aufgebraucht sind, ist es vorbei.*

Kandidat: *Alles klar.*

BARNSTORF

Betreten verboten, brüllt das Haus. *Vorsicht, bissiger Hund.* Die Hecke trägt das alte Polizeigrün, und der Zaun ist ein Waffe, die sich gen Himmel reckt. Hinter den dreifach verglasten Fenstern schlafen die Leute wie am Spieß.

Das Zuhause ist der unsicherste Ort in der Gesellschaft, sagt ein Risikoforscher in der Zeitung, *daheim sterben die meisten.*

Was war das für ein Geräusch?
Was riecht hier so angebrannt?

Ist das Feuer?
Wo ist man denn noch sicher heutzutage?
Es kommt immer näher.

Da kommt ein mulmiges Gefühl auf, wenn man weiß, oh Gott, eine Tür weiter.

NIEDERAICHBACH

Am Pfarrer-Haberl-Platz stehen junge Eschen in gerader Reihe längs der Fahrbahn wie stumme Rekruten zum Appell. Vor der Kinderkrippe zieht ein Mädchen seine Schuhe falsch herum an, der Steuerberater lässt den Rollladen herunter, und über den Dächern steigt die weiße Wolke auf, der Fluss verdampft in den Himmel, aus dem Kühlturm des Atomkraftwerks Isar.

Zwei Kilometer vom Reaktor entfernt stürzte im Frühjahr 1988 ein französischer Düsenjäger ab, vom Piloten fand man nur *a Stückerl Fleisch,* so meldete es die Feuerwehr dem Landrat. Er besichtigte die Schneise, die das Flugzeug in den Wald geschlagen hatte. Die Stämme der Fichten, die noch standen, waren verkohlt vom Feuer, in den Wipfeln hingen die Bauteile, als hätte ein riesiges Kind sein Spielzeug hier zerschlagen.
Neben der weißen stieg jetzt eine schwarze Wolke auf, bis der Frühjahrswind sie fortwehte, *es roch nach Krieg,* stand in der Zeitung.

Ach Gott, das Kraftwerk, sagt der Gastwirt am Pfarrer-Haberl-Platz, *das ist mir gleich. Ich sehe es von hier aus eh nicht.*

BÖBRACH

Wir haben hier nur Bäume, sagt der Geflüchtete, der am späten Nachmittag auf dem Vorplatz seiner Unterbringung steht, in zu leichter Bekleidung, und fröstelt, *ich habe Angst, mich im Wald zu verlaufen.*
Der Staatsdiener, der darüber befinden soll, ob das Haus zu abgelegen ist, kommt zu spät zur Besichtigung. Er hat den Weg nicht gefunden.

Betreten verboten, brüllt das Haus. *Vorsicht, bissiger Hund.* Die Hecke trägt das alte Polizeigrün, und der *Zaun ist ein Waffe*, die sich gen Himmel reckt. Hinter den dreifach verglasten Fenstern schlafen die Leute wie am Spieß.

Das Zuhause ist der unsicherste Ort in der Gesellschaft, sagt ein Risikoforscher in der Zeitung, *daheim sterben die meisten.*

Was war das für ein Geräusch?
Was riecht hier so angebrannt?

Wo ist man denn noch sicher heutzutage?
Es kommt immer näher.

Da kommt ein mulmiges Gefühl auf, wenn man weiß,
oh Gott, eine Tür weiter.

Wir haben hier nur Bäume, sagt der Geflüchtete, der am späten Nachmittag auf dem Vorplatz seiner Unterbringung steht, in zu leichter Bekleidung, und fröstelt, *ich habe Angst, mich im Wald zu verlaufen.* Der Staatsdiener, der darüber befinden soll, ob das Haus zu abgelegen ist, kommt zu spät zur Besichtigung. Er hat den Weg nicht gefunden.

Ich bin vor über dreißig Jahren nach Deutschland gekommen, sagt der Mann. Er ist Ende vierzig und hat die Züge eines mageren Fuchses. Ich musste meine Heimat Afghanistan verlassen, sagt er, wegen des Krieges.
Ich habe Elektriker gelernt. Ich wollte in Deutschland arbeiten, aber ich durfte nicht. Nicht einmal Sprachkurse durfte ich besuchen. Ich erinnere mich an die Aussichtslosigkeit in diesen Jahren, an die entsetzliche Langeweile. An das Gefühl, nichts wert zu sein.

Heute bin ich als Übersetzer im Aufnahmelager tätig, als Ansprechperson und Vermittler. Ich weiß genau, wie diese Menschen sich fühlen. Sie wissen, dass man sie hier nicht haben will. Aber sie können auch nicht zurück dahin, woher sie gekommen sind. *Sie sind Gefangene.*

Er verzieht das Gesicht, als schmerzte ein Zahn.

Ich bin aber inzwischen auch deutsch genug, um zu verstehen, dass die Bevölkerung Angst hat. Die Deutschen neigen nun mal dazu, sich Sorgen zu machen. Die Politik müsste sie ihnen nehmen, indem sie ihnen erklärt, welchen Plan sie verfolgt. Aber sie tut es nicht. Vielleicht hat sie auch gar keinen Plan.

Also sehen die Leute nur, dass sehr viele Menschen aus anderen Ländern hierherkommen, die in den verlassenen Kasernen sitzen, in den alten Schulen, manchmal in Zelten und Containern, ohne dass klar ist, was aus ihnen wird. Sie sehen, dass manche von ihnen auf dumme Gedanken kommen, im Supermarkt klauen, Ärger anfangen, sich prügeln, dass die Polizei immer öfter kommen muss. Gerade in einer kleinen Stadt wie dieser hier fühlen die Leute sich nicht mehr sicher.

Neulich ging ich von der Arbeit nach Hause, es war schon dunkel, ich trug eine Jacke mit Kapuze. Als ich eine ältere Dame überholte, hielt sie ihre Handtasche ganz fest. *Ich konnte sie verstehen.*

Bei
in N
sche
Die
Weg
Die
der

Ein
wor
unte
Eini
jem
zen

Und

Wir befühlen das Land, als wäre es ein fauler Apfel.

BERLIN

Bei der Wahl zum Abgeordnetenhaus, sagt die Frau in Neukölln, werde sie für die Nationaldemokratische Partei Deutschlands stimmen.
Die Sonnenallee, ruft sie, *Katastrophe, Flüchtlinge. Weg. Weg! Alle falsch. Alle!*
Die Frau kam, wie sie erzählt, vor vierzig Jahren aus der Türkei hierher.

SCHÖNAU

Ein Wegkreuz an der Landstraße ist geschändet worden. Die Christusfigur steckt mit dem Kopf nach unten im Acker.
Einige Kilometer weiter, auf einem Rastplatz, hat jemand auf einen Betonklotz geschrieben: *Die Bonzen haben Angst.*

Und wieder schöpft der Hass neue Hoffnung.

KAMENZ

Wir befühlen das Land, als wäre es ein fauler Apfel.

Vom Pavillon her, den eine Bürgerinitiative gegen Rechts auf dem Gehsteig errichtet hat, wehen Seifenblasen über den Platz des Friedens. Ein dicker Polizist, der die Veranstaltung bewachen soll, ist auf dem Beifahrersitz eingenickt.

Im Frühjahr 2015 gründete sich im Ort eine *Bürgerwehr* und begann, Anschläge auf Geflüchtete und ihre Unterstützer zu verüben. Am Morgen des 19. April 2016 wurden fünf Mitglieder von der Polizei festgenommen und ein Arsenal von Sprengsätzen beschlagnahmt.

doch ich.

Die Ähnlichkeit ist bestürzend: Öffnet die junge Schauspielerin ihre Haare, setzt eine Brille auf und kneift ihre Lippen zusammen zu einem schmalen Schlitz, dem Mund einer Angeklagten, die schweigt, sieht sie aus wie die mutmaßliche Rechtsterroristin.

Das hat, sagt sie, in meinem Leben die Gleise verschoben. Ich wurde auf der Straße nicht erkannt, weil ich die kleine Gerda in der *Schneekönigin* spielte, sondern weil die Leute dachten, die Zschäpe sei ausgebrochen.

FREITAL

Vom Pavillon her, den eine Bürgerinitiative gegen Rechts auf dem Gehsteig errichtet hat, wehen Seifenblasen über den Platz des Friedens. Ein dicker Polizist, der die Veranstaltung bewachen soll, ist auf dem Beifahrersitz eingenickt.
Im Frühjahr 2015 gründete sich im Ort eine *Bürgerwehr* und begann, Anschläge auf Geflüchtete und ihre Unterstützer zu verüben. Am Morgen des 19. April 2016 wurden fünf Mitglieder von der Polizei festgenommen und ein Arsenal von Sprengsätzen beschlagnahmt.

Aber es ist doch kein Wunder, dass die auf dumme Gedanken gekommen sind, sagt ein Rentner beim Mittagessen in der Volksküche. *Was kann die Jugend denn noch machen? In Freital ist ja nichts mehr los. Gar nichts.*

Über die Weißeritzbrücke läuft ein Neonazi, er trägt seine Bierflasche wie ein Zepter. Er läuft den Hang hinauf und verschwindet im Nebel.

JENA

Im Oktober 2011 zog die junge Schauspielerin in die Stadt, um ein Engagement am Theaterhaus anzutreten. Wenige Wochen später, die Proben für das Stück *Die Schneekönigin* hatten gerade begonnen, stellte sich eine Frau in Begleitung ihres Anwalts der örtlichen Polizei: Beate Zschäpe, die mutmaßliche Rechtsterroristin.
Als ihr Gesicht am nächsten Tag in der Zeitung abgebildet war, dachte die junge Schauspielerin: *Das bin doch ich.*

Die Ähnlichkeit ist bestürzend: Öffnet die junge Schauspielerin ihre Haare, setzt eine Brille auf und kneift ihre Lippen zusammen zu einem schmalen Schlitz, dem Mund einer Angeklagten, die schweigt, sieht sie aus wie die mutmaßliche Rechtsterroristin.

Das hat, sagt sie, in meinem Leben die Gleise verschoben. Ich wurde auf der Straße nicht erkannt, weil ich die kleine Gerda in der *Schneekönigin* spielte, sondern weil die Leute dachten, die Zschäpe sei ausgebrochen.

DIEPHOLZ

Vor einiger Zeit sah ich Klaus wieder, meinen ersten Neonazi. Er schob einen bunten Kinderwagen durch die Fußgängerzone, an einem Dienstag gegen elf.
Ich schlich ihm recht lange hinterher, um zu sehen, ob auf seinem Hals noch immer *Hass* steht. Ein ängstlicher Spion.
Klaus musterte die Sonderangebote im Bekleidungsgeschäft, ohne allerdings etwas zu kaufen. Dann saß er für etwa eine Viertelstunde am Brunnen vor dem Rathaus und betrachtete seine Füße.
Auf seinem Hals steht noch immer **Hass**, ich sah es schließlich, als er sich kurz zu mir umwandte, in der Schlange beim Bäcker.

Und es steht noch ein neues Wort da, ein Name: **Yvonne.**

NEUKIRCH

Auf die Fingerknöchel der linken Hand hat der junge Kurde vier Buchstaben tätowiert: T A R A. Es ist der Name seiner Verlobten.
Sie hat in Mossul studiert, sagt er. Als die Terroristen die Stadt eroberten, wurde sie gefangen genommen. Ich weiß nicht, wo sie ist. Niemand hat je wieder von ihr gehört.

CHEMNITZ

Blätter sind auf die zugeschüttete Grube an der Straße Usti nad Labem gefallen, in der die Polizei den Sprengstoff des verhinderten Attentäters zur Explosion gebracht hat. Sie sieht jetzt aus wie ein vernachlässigtes Grab.
Aber da kommt ja zum Glück schon der Stadtgärtner mit seinem Laubbläser und macht alles wieder *schön ordentlich.*

me:

Mei
für d
ckel

Sie v
seit
Krie
Den
in d
ßelt
Mut
obe
ber,
trop
wie

Da
nur
sein
194

Im
gera
ward

Meh
mir.

Ich s

Wir

Auf
ein

HEEDE

Mein Vater hat das Haus gekauft vor fünfzig Jahren, für dreißigtausend Mark von der Kriegerwitwe Bockelmann. *Sie wollte nicht weg von hier,* sagt er.

Sie wollte zurück in ihr Bett, in dem sie allein schlief, seit ihr Fritz nicht heimgekommen war aus dem Krieg, vor einer Ewigkeit, aus dem Osten.
Dem Krieg, der all jene gefressen hat, deren Namen auf dem Friedhof in den steinernen Löwen gemeißelt sind, auf dem ich reiten durfte, wenn meine Mutter die Heidepflanzen ins Grab drückte, von da oben sah alles so klein aus, meine Mutter, die Gräber, die verbeulten Kannen, in die der Wasserhahn tropft, als würde er weinen für die, die nicht wissen, wie das geht.

Da liegt der Großvater, daneben die Großmutter, nur der Mann der Kriegerwitwe, der liegt nirgends, sein Name steht auf dem Löwen, Fritz Bockelmann, 1944, gefallen bei Minsk.

Sie schrie, als man sie wegführte aus dem Haus, sagt mein Vater, sie glaubte wohl, ihr Mann würde sie nun nicht mehr finden, wenn er doch noch heimkehrt. Als ihr Schreien nicht mehr zu hören war, aus dem Wagen, der in der Kurve verschwand, da war der Krieg doch vorbei, oder etwa nicht?

Jeden Samstag löst die freiwillige Feuerwehr den Probealarm aus, *wuuuuuu, wuuuuuu, wuuuuuu.*

Da hinten, sagt meine Mutter, *wird der Himmel schon wieder blau.*
Und ich gucke immer noch hin, jedes Mal.

MÜNCHEN / PARIS

Im Badezimmer der kleinen Wohnung durfte geraucht werden, sagt die Frau, am Fenster. Dort waren er und ich zum ersten Mal wieder allein.

Mehr können wir zusammen nicht erleben, sagte er zu mir. *Lass uns heiraten.*

Ich sagte sofort Ja.

Wir weinten.

Auf dem Plattenspieler in ihrem Wohnzimmer liegt ein Album von Al Green: *Let's stay together.*

SCHMÖLLN

Ein fünfzehnjähriger Somalier klettert wenige Stunden nach seiner Entlassung aus der psychiatrischen Klinik auf ein Fensterbrett im fünften Stock eines Plattenbaus.
Polizei und Feuerwehr versuchen, den Jungen abzuhalten, doch er springt hinab. Ein Schaulustiger filmt seinen Tod.

Als die Leiche abtransportiert wird in einem Zinnsarg, sind die meisten Schmöllner schon wieder zu Hause. Es ist ein kühler Samstagabend, sie stellen die Heizung auf drei, zünden eine Duftkerze an, legen sich auf die Couch und schalten den Fernseher ein, um sich auszuruhen von einer anstrengenden Woche.
Das erste Bild, das auf der Mattscheibe erscheint, schalten sie gleich wieder weg: *Bitte nicht schon wieder das Elend dieser Welt.*

ROSTOCK

Das Licht fällt sanft auf den Ort des Pogroms. Im Erdgeschoss des Sonnenblumenhauses in Lichtenhagen hat eine Klavierschule eröffnet, auf der Wiese, von der sie die Molotowcocktails warfen, steht jetzt ein Supermarkt.

Familien brauchen Sicherheit, steht auf dem Plakat der Nationaldemokratischen Partei Deutschlands am Laternenpfahl ganz oben.
Deutschland den Deutschen, riefen sie hier im August 1992, *Ausländer raus.*

Ich vergesse die Bilder nicht, sagt ein Anwohner, von klatschenden, grölenden Menschen. Die Gewalttäter warfen Brandsätze, niemand hinderte sie daran. Und bei jedem Wurf, bei jedem Molotowcocktail, jubelte die Masse.
Man sollte die Vergangenheit langsam mal ruhen lassen, sagt ein anderer. Es wird Zeit.
Es gibt keine Gedenktafel auf der Wiese vor dem Sonnenblumenhaus, aber man überlegt, eine Eiche zu pflanzen, als Erinnerung.

Die Laternen gehen eine nach der anderen an, als beteten sie einen Rosenkranz, und der Regen setzt ein. Er weint für die, die nicht wissen, wie das geht.

BERLIN

In den Imbissbuden, die nur eine Straßenbreite entfernt sind vom Denkmal für die ermordeten Juden Europas, ist Happy Hour: *die fröhliche Stunde.* Es gibt Getränke zum halben Preis, Touristen saugen an Strohhalmen, dass ihre Augen starr und groß werden wie die von Gnus an einer Wasserstelle. Aus den Lautsprechern dröhnen Sommerhits. *Sunshine Reggae.*

Nicht gestattet ist es laut Besucherordnung, *von Stele zu Stele zu springen.*

ECKLAK

Ich habe immer davon geträumt, sagt der Sohn des Generalgouverneurs von Polen, dass mitten in Berlin eine dreihundert Meter hohe, alles überragende Kristallträne steht.
Dass die Täter den Opfern ein Denkmal bauen, das nicht übersehen werden kann. *Ein Eingeständnis ihrer Schuld.*

BAUTZEN

Am Kornmarkt zischt die Stille, als wäre hier ein Kampf abgesagt worden. Nach zehn Uhr am Abend dürfen die Geflüchteten ihre Unterkunft nun nicht mehr verlassen. In den Hauseingängen stehen die Neonazis und beißen sich selbst in den Nacken.

In
fe
Eu
Go
St
wi
sp

Ni
zu

Ic
Ge
lin
Ku
Da
ni
ih

An
Ka
di
m
Ne

BERLIN

Das Europa-Center brennt. Für Stunden weht der Rauch vom Dach über die Stadt wie von einer sechsundachtzig Meter hohen Fackel.
Es ist ein Fanal, das Unheilvolles ankündigt, und es ist inzwischen ganz gleich, ob es geschieht oder nicht:
Es wird geschehen.
Es ist geschehen.
Es geschieht die ganze Zeit.

VERLORENWASSER

Erzähl mir was, sagt mein Freund, als die Autobahn sich entrollt wie ein endloses graues Band. *Woran denkst du?*

Ich denke an einen Sonntag im Frühling, es ist lange her, da blieb im Haus des Pastors die alte Katze beim Sprung durch den Fensterrahmen hängen und brach sich das Rückgrat. Die Kinder rannten in die Kirche.

Die Katze stirbt, schrie der Sohn in die Predigt hinein.

Vorne lebt sie noch, hinten ist sie schon tot.

ESCHEBURG

Ein Finanzbeamter hat ein Flüchtlingsheim angezündet. Er habe *Angst um das Schöne* gehabt und *dass die Idylle beeinträchtigt wird,* sagt er beim Prozess vorm Lübecker Landgericht aus. *Wer erklärt denen, wann der Müll rausgestellt werden muss, wenn die kein Deutsch verstehen?*

PROSCHIM

Seine Heimat lässt man sich nicht abkaufen, steht auf dem Schild, *seine Heimat verteidigt man.*
Proschim, ein dunkles Gleichnis für das Land, an dessen vergessenem Rande es liegt. Ist es eben das, wovon der Albtraum handelt: vom Verschwinden?
Das Dorf soll dem Tagebau weichen, hinter den Birken lauert der Bagger, dort stehen die Waggons, die die Heimat in das Kraftwerk bringen: in die Schwarze Pumpe.
Auf einer Karte sind die verschwunden Orte verzeichnet: Sorno, Kausche, Wolkenberg, Jessen, Stradow. Die toten Dörfer. Wo Groß Partwitz war, ist jetzt ein See. *Landinanspruchnahme* nennt es die Industrie.

Bis zum Jahr 2027 wird es Proschim noch geben, die Kirche, die Schule, die Mühle. An der Straße in Richtung Grube sind die ersten Häuser verlassen, aus einem wächst eine Birke. Im ersten Stock liegt der Boden voller Briefe. Sehr geehrter. *Mit freundlichen Grüßen.* Es hat sich erledigt, es war vergeblich.

Wie lebt es sich an der Kante, fragen wir einen Mann, der seine Hecke schneidet, als würde es sich noch lohnen.
Gut, ruft er, als wäre er in diesem Augenblick verrückt geworden.
Dann läuft er einfach davon.

CELLE

Schönen Tag noch, sagt die Kundin in der Bäckerei.
Danke, ebenso, sagt die Verkäuferin.
Und beide klingen, als könnten sie im nächsten Augenblick schreiend zusammenbrechen, wie Klageweiber in einer Auslandsreportage.

Der Bauer steigt auf die Leiter, der Heiland hängt am Kreuz, die Blumen an den Fenstern sind bunt, an diesem Samstagvormittag in der Oberpfalz.

Im Wald stehen die Geschützbunker, 1935 erbaut gegen die Angst vor einer Invasion der Tschechen. *Achtung, Feind hört mit*, ist noch immer an der Wand zu lesen, eine Fledermaus flattert durchs Halbdunkel, als hätte sie den Angriff verschlafen, der letzte Hüter einer irren Idee.

Ein Landstreicher hat ihm Vorraum kampiert, hinter

Es ist so still im Bus in Richtung Roseneck, als führe er zu einer Trauerfeier. Ein kleines Mädchen spricht, ehrfürchtig vor dieser Stimmung, die Silben verschluckend, zu seiner Mutter hoch.

Ich finde den neuen Präsidenten doof, sagt es. Der will eine Mauer bauen, das habe ich auf dem Pausenhof gehört, und wenn Leute darüber klettern, will er sie totschießen.

Seinen Namen spricht das Mädchen *Tu-wamp* aus, es klingt wie das Geräusch eines Vogels, der auf dem Boden aufschlägt, weil er zu schwer zum Fliegen ist.

In der Pflügerstraße steigt, mit der Trittsicherheit eines Mondsüchtigen, ein Mann zu: Er wendet den Blick nicht ab von seiner Bibel: Er liest die Offenbarung.

AHORNBERG

Der Bauer steigt auf die Leiter, der Heiland hängt am Kreuz, die Blumen an den Fenstern sind bunt, an diesem Samstagvormittag in der Oberpfalz.
Im Wald stehen die Geschützbunker, 1935 erbaut gegen die Angst vor einer Invasion der Tschechen. *Achtung, Feind hört mit,* ist noch immer an der Wand zu lesen, eine Fledermaus flattert durchs Halbdunkel, als hätte sie den Angriff verschlafen, die letzte Hüterin einer irren Idee.
Ein Landstreicher hat ihm Vorraum kampiert, hinter der Stahltür, gestern oder vor langer Zeit. Auf der verrosteten Bierbüchse steht *HELL*, die Blätter der Rotbuchen kichern im Wind.

BERLIN

Es ist der Tag, an dem die Vereinigten Staaten von Amerika einen neuen Präsidenten gewählt haben. Jenen Kandidaten, von dem ein blinder Sänger gesagt hat, *ihm die Macht zu verleihen, wäre dasselbe, wie mich ans Steuer eines Autos zu lassen.*

Es ist so still im Bus in Richtung Roseneck, als führe er zu einer Trauerfeier. Ein kleines Mädchen spricht, ehrfürchtig vor dieser Stimmung, die Silben verschluckend, zu seiner Mutter hoch.
Ich finde den neuen Präsidenten doof, sagt es. Der will eine Mauer bauen, das habe ich auf dem Pausenhof gehört, und wenn Leute darüber klettern, will er sie totschießen.
Seinen Namen spricht das Mädchen *Tu-wamp* aus, es klingt wie das Geräusch eines Vogels, der auf dem Boden aufschlägt, weil er zu schwer zum Fliegen ist.

In der Pflügerstraße steigt mit der Trittsicherheit eines Mondsüchtigen ein Mann zu: Er wendet den Blick nicht ab von seiner Bibel. Er liest die Offenbarung.

Und ich sah
aus dem Munde des Drachen
und aus dem Munde des Tiers
und aus dem Munde des falschen Propheten
DREI unreine Geister gehen,
gleich den Fröschen.

Ei
sc
pe
Al
M
di
Li
de

De
m
se
de
Ev
Au

He
fra
Ja
es

De
de
Sp
fe
Al
ar
Di
wa

KROGE

Ein Sprecher der Terroristen regt an, Speiseöl in schwer einsehbaren Kurven auf die Fahrbahn zu kippen, um Autos ins Schleudern zu bringen.
Also fahren wir vorsichtig in die Kurve beim alten Moorhof, aus Angst vor Speiseöl auf dem Asphalt, an diesem späten Samstagnachmittag, an dem das Licht abnimmt und die Graugänse unbeirrt nach Süden ziehen, als wollten sie uns etwas damit sagen.

NEUKIRCH

Der junge Kurde bekommt auf seinem Zimmer manchmal Besuch von einem kleinen Mädchen, es setzt sich auf seinen Schoß und streichelt seine Hände.
Er ist mein Freund, sagt das Mädchen und breitet die Arme aus, so weit es eben kann, *ich habe ihn so lieb.*

Hast du das Bild da draußen an der Wand gemalt, fragen wir, *die Familie und die Sonne?*
Ja, sagt das Mädchen, *das habe ich gemalt. Findet ihr es schön?*

SPEYER

Der Taubstumme verteilt Karten auf den Tischen des Straßenlokals, darauf steht die Bitte um eine Spende.
Die Gäste schauen ihn an wie einen Angreifer.
Als er sich entfernt hat, sagt der Großvater: *Der soll arbeiten gehen.*
Die Großmutter nickt. Ihre Enkelin, die im Kinderwagen ein Eis isst, trägt ein Hörgerät.

Wir waren hier, steht auf dem Fels, hundertfach, darunter Daten und Namen, die ihre Bedeutung verloren haben.
Wir waren hier, wir waren hier, wir waren hier.

Eine Frau mit Kopftuch steht abseits im Schnee und

Horizont entgegen, der dort, hinter dem Kreisverkehr, ja schließlich irgendwo liegen muss. Väter ziehen Anhänger durch die Dünen, in denen ihre Kinder sitzen wie asiatische Potentaten, in ihren Sonnenbrillen spiegelt sich der Himmel, spiegeln sich die Hintern der Mütter.

Im Süden frisst das Meer die Insel auf. Sechs Tonnen schwere Tetrapoden liegen zu Tausenden am Strand wie versteinerte Meeresechsen, sie sollten einmal die Flut aufhalten, aber sie sind längst müde und lassen sie gewähren. Bei Ebbe sieht man die Grundmauern der verlorenen Häuser.
Hier ist das Land zu Ende, der Grundstückspreis beginnt zu sinken. Nur ein dummer, kleiner Junge baut noch eine Sandburg gegen die heranrollenden Wellen.

Gletscher, als hätten sie bereits gewonnen.

Wir waren hier.

ZUGSPITZE

Wir waren hier, steht auf dem Fels, hundertfach, darunter Daten und Namen, die ihre Bedeutung verloren haben.
Wir waren hier, wir waren hier, wir waren hier.

Eine Frau mit Kopftuch steht abseits im Schnee und blickt hinab auf ein Land, das so eng ist und so weit, so voll und so einsam. Für einen Augenblick ist sie seine einzige Bewohnerin.
Dann schreit die Säge.
Eintausendzweihundert Tonnen Beton und fünfhundert Tonnen Stahl werden hinaufgeschafft für eine neue Gondel. Die Kräne überragen den östlichen Gipfel, den westlichen hat die Wehrmacht 1938 gesprengt.

Ein Japaner fotografiert *Deutschlands höchste Bratwurst.* Viertausend Besucher kommen jeden Tag herauf. Irgendwann, sagt der Hüttenwirt, wird der Berg sich rächen. Hoffentlich bin ich dann nicht hier oben.
Wir waren hier. Wir waren hier.

Die Alpendohlen schweben im Aufwind über dem Gletscher, als hätten sie bereits gewonnen.

Wir waren hier.

HÖRNUM

Unter den Sonnen, die hier von überall scheinen, fahren blonde Großmütter in ihren Cabriolets dem Horizont entgegen, der dort, hinter dem Kreisverkehr, ja schließlich irgendwo liegen muss. Väter ziehen Anhänger durch die Dünen, in denen ihre Kinder sitzen wie asiatische Potentaten, in ihren Sonnenbrillen spiegelt sich der Himmel, spiegeln sich die Hintern der Mütter.

Im Süden frisst das Meer die Insel auf. Sechs Tonnen schwere Tetrapoden liegen zu Tausenden am Strand wie versteinerte Meeresechsen, sie sollten einmal die Flut aufhalten, aber sie sind längst müde und lassen sie gewähren. Bei Ebbe sieht man die Grundmauern der verlorenen Häuser.
Hier ist das Land zu Ende, der Grundstückspreis beginnt zu sinken. Nur ein dummer kleiner Junge baut noch eine Sandburg gegen die heranrollenden Wellen.

DRESDEN

Der Imam der türkischen Gemeinde sitzt in seinem Haus in der Hühndorfer Straße, vor dem an einem Abend Ende September eine Bombe gezündet wurde, und trinkt Tee.

Wir haben Angst, sagt er. Es gibt hier in Dresden Leute, die uns töten wollten, und sie laufen immer noch frei herum.
Ich saß im Wohnzimmer vor dem Fernseher, sagt sein Sohn, der Elfjährige, als draußen im Hof das Licht anging. Ich schaute aus dem Fenster und sah einen Mann mit einem Motorradhelm auf dem Kopf wegrennen, dann hat es geknallt, es gab einen Blitz, alles war voller Rauch. Ich habe nach meinen Eltern geschrien. *Ich dachte, wir sterben jetzt.*

Der Bundesinnenminister distanziert sich von *so etwas, gegen wen sich das auch immer richtet.*
Vorfälle in Dresden, steht in der Zeitung.

Die Fassade des Hauses ist frisch gestrichen, eine neue Tür eingebaut, die alte lehnt verrußt am Schuppen. Während des Freitagsgebets stehen zwei Staatsschützer vor dem Zaun und halten Wache. Ein junger Muslim legt die Hand aufs Herz und nickt ihnen zu: *Salam.*

Frieden.

BERLIN

Wir sind schon längst im Krieg, sagt der Mann im Kreuzberger Keller, *der Krieg hat doch nie aufgehört.* Es kommt kein Flugzeug aus Kabul und wirft Bomben auf Berlin, sagt er, aber heißt das denn, dass er nicht stattfindet? Die Bomben fallen auf Aleppo, hier brennen die Flüchtlingsheime.
Und wir stehen nicht vor dem Reichstag, wir rufen nicht: *Nie wieder Krieg.*
Wir spielen lieber Pokémon.

nger
n zu:

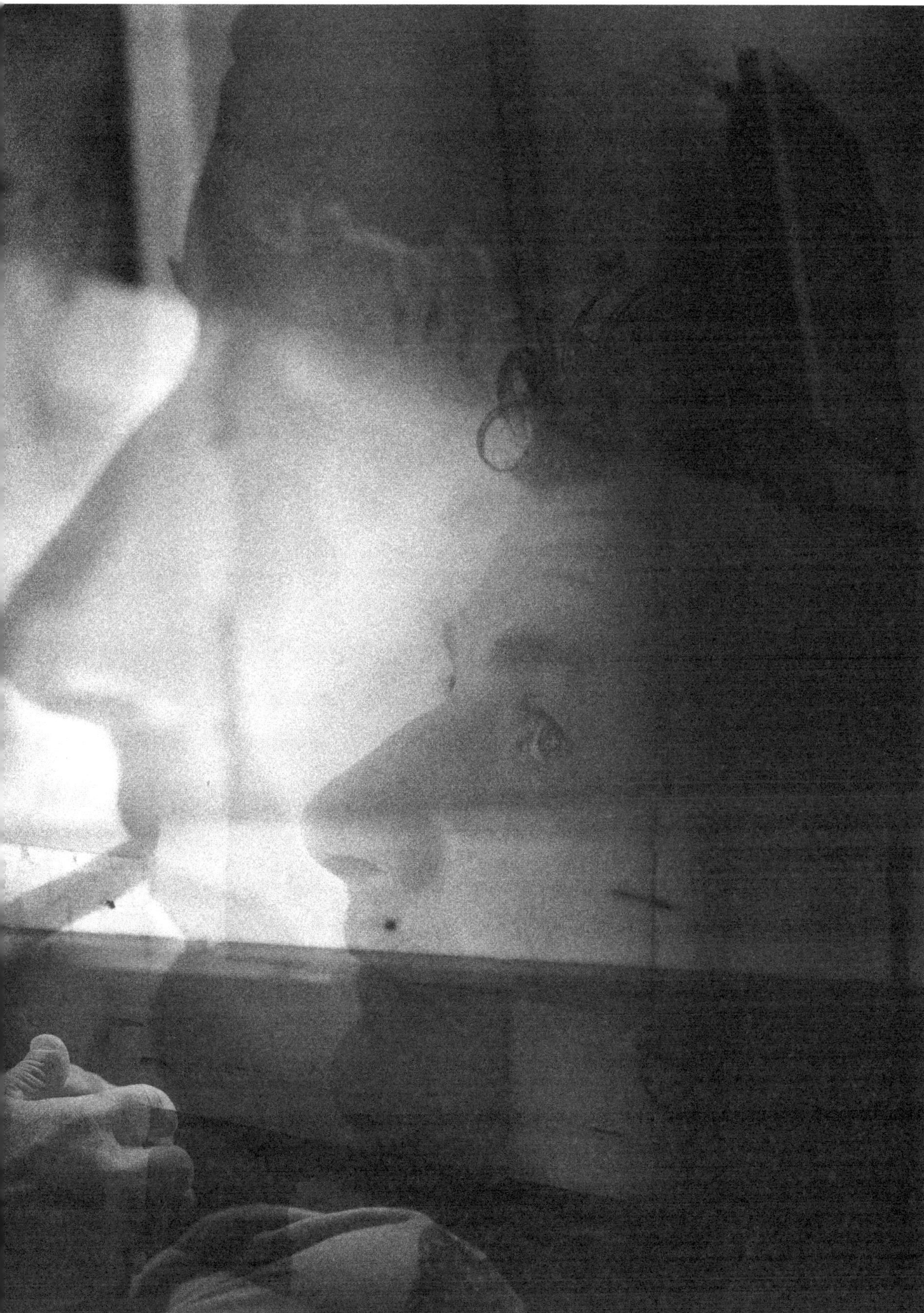

Mut
Kind
Mut

Die
sche
Dor
Lebe

Es g
Wo l
Wo l
Wan

Der
optio
Schu
Ich
jetzt
an,
Ang
denk
bin
Dan
deut
wur

DÜSSELDORF

Mutter: Wenn Du nicht sofort ...
Kind: Was dann?
Mutter: Dann passiert was.

KASSEL / HAAS

Die riesige Rauchwolke, heißt es am Abend im Fernsehen, kündet vom Unglück des kleinen syrischen Dorfes. Tatort ist die Schule. Auf einen Schlag ist das Leben von zweiundzwanzig Kindern ausgelöscht.

Es gibt keinen Abspann.
Wo bleibt der Abspann?
Wo bleibt der verdammte Abspann?
Wann hört es auf, das apokalyptische Rauschen?

HAMBURG

Der afghanische Junge ist von einer Deutschen adoptiert worden, er ist jetzt achtzehn Jahre alt, geht zur Schule und möchte Krankenpfleger werden.
Ich dachte, ich bin hier in Sicherheit, sagt er. Aber jetzt ist das nicht mehr so. Die Leute gucken mich an, sie sehen meine schwarzen Haare und haben Angst vor mir. Sie sind wütend auf mich, weil sie denken, ich bin ein Terrorist. Aber ich bin keiner. *Ich bin doch vor den Terroristen geflohen.*
Dann buchstabiert er seinen Nachnamen, der jetzt deutsch ist, wie einer, der vor den Richter gezerrt wurde.

MÜNCHEN / PARIS

Es gibt einiges, was mir geblieben ist von diesem Abend, an dem wir angegriffen wurden, sagt der Mann. Ich bin nicht gern in Räumen, die nur einen Ausgang haben. Ich stehe nicht gern vor Lokalen auf der Straße. Ich bin schreckhaft bei lauten Geräuschen.

Das ist die Angst, dass es wieder passiert.

Ein Psychologe sagte uns, wir müssten uns immer wieder vor Augen führen, dass es vorbei ist. Ich habe ihm entgegnet, *wie soll es denn vorbei sein?* Wenn ich einen Tsunami überlebt habe, dann gehe ich nicht mehr an den Strand. Wenn ich eine Lawine überlebt habe, gehe ich nicht mehr in die Berge. Aber wenn ich Paris überlebt habe, müsste ich ja Restaurants meiden, Bars und Konzerthallen, alles was mir lieb und teuer ist, all die Orte der Freiheit, die das Angriffsziel der Attentäter waren. Dann erst wäre es für mich vorbei. Aber das kann ich nicht wollen. Also muss ich lernen, die Angst auszuhalten, und hoffen, dass sie kleiner wird mit den Jahren.

Das Seltsamste, was mir geblieben ist, ist aber wohl, dass ich immer wieder denke: Wir haben damals ganz vergessen, unser Essen zu bezahlen. Wir müssen doch noch Geld schicken an die Leute vom *Le Petit Cambodge.*

BIELEFELD

Heute ist in Schmölln, einem Ort so weit entfernt, dass es ihn nicht zu geben scheint, ein Junge aus dem Fenster gesprungen, und hier trinken die Leute ihre zähflüssigen Schnäpse und lachen und lachen. Dann lachen sie weiter.

Die Banalität im Ausnahmezustand: ein Samstagabend in der mittelgroßen Stadt. An die beschlagene Scheibe des Lokals hat jemand *Happy* geschrieben. Dahinter wird die Ampel an der leeren Straße rot und grün.
Wieder rot.
Und wieder grün.

mals
müs-
n Le

644
Mer
Ach
zwei

Ich
dem
Hier
Jack
Als
te, f
Ich

Ick j
der
Hau
bad
fas'.
Dan
Frau
ihre
Bin

NUTHETAL

644.000 Kilometer Straße. Alle acht Meter ein Mensch. Und immer wieder sagen sie im Radio, *Achtung, am Autobahndreieck kommt Ihnen ein Verzweifelter entgegen, fahren Sie bitte äußerst vorsichtig.*

HEEDE

Ich erinnere mich, wie mein Vater mit der Taube auf dem Kehrblech in die Küche kam. Sie war tot.
Hier, sagte er, die Kälte des Winters noch in den zwei Jacken, die er trug, *die ist mir eben vor die Füße gefallen.* Als er sich die Nase am Handrücken abgerieben hatte, fügte er hinzu: *Die wollte wohl nicht mehr.*
Ich nickte.

KRAATZ

Ick jeh nich bad'n, sagt der Mann auf dem Fahrrad zu der Frau auf dem Handtuch. Nee! Wenn die dit zu Hause mitkriejen, is der Teufel los. Eima war ick bad'n: dahint'n! Zu DDR-Zeiten noch. Da wär ick fas'... Jetz' hängt da'n Schild: *Hunde - Bad'n vabot'n!*
Dann fährt der Mann auf dem Fahrrad davon, die Frau auf dem Handtuch bleibt sitzen und blickt auf ihre Zeitung.
Bin ich nur müde oder schon krank, steht darin.

MÜNCHEN / PARIS

Ein lieber Kollege, sagt der Mann, fragte mich kurz nach den Attentaten, ob ich mich Gott nun näher fühle. Ich verneinte.
Ich bin schließlich kein besserer Mensch als die, die gestorben sind. *Warum also sollte Gott ausgerechnet mich beschützt haben?*

HEILIGENRODE

DER HERR IST MEIN HIRTE.
RUHE SANFT.
UNVERGESSEN.
DIE MUTTER WAR'S,
WAS BRAUCHT'S DER WORTE MEHR.

Wolfgang
Kurt
Doris
Silke

Warum?

Tönerne Spatzen trinken aus einer leeren Schale, daneben sitzt ein Engel mit zertrümmertem Arm. An der Kapelle liegt die Baggerschaufel.
Es hat Exhumierungen gegeben in jüngster Zeit auf diesem Friedhof, von Opfern des *Todespflegers* aus Delmenhorst, der jetzt vor Gericht steht.
Es handelt sich um den größten Massenmord der Nachkriegsgeschichte, sagt der Ministerpräsident.

Im Morgengrauen kamen die Totengräber und holten die Särge wieder hinauf. Die Leichen wurden nur noch von ihrem schönsten Kleid zusammengehalten, sagt der Gerichtsmediziner. Am frühen Nachmittag wurden sie zum zweiten Mal bestattet.
Und Gott wird abwischen alle Tränen von ihren Augen, steht auf einem Grabstein.
Ich habe die Stiefmütterchen heute Morgen erst gegossen, sagt die Frau mit den Kannen in den Händen, *und jetzt, am Abend, lassen sie schon wieder die Köpfe hängen.* Neben dem Buchsbaum liegt eine Tonscherbe, jemand hat darauf geschrieben: *Du fehlst.*

Alles, was wir brauchen, sagt die Frau, *ist Regen.*

HOW
LONG
IS NOW

Am
Tou
für
Hitl

D

Der
Fam
Nur
Ich
er. I
prüg
geh
kan
Er z

Am
ich
Aut
bea
fern
fünf
teln
mat
Soh
möc
ich

BERLIN

Am Checkpoint Charlie kauft sich ein spanischer Tourist eine Pelzmütze der Roten Armee und macht für das Foto, das sein Sohn von ihm schießt, den Hitlergruß.

Dann lachen alle, der Händler, der Tourist und sein Sohn, als würden sie Schrauben auf den Gehsteig erbrechen.

DRESDEN

Der Elfjährige zeigt eine Kopie des Briefes, den seine Familie am Tag nach dem Bombenanschlag erhielt: *Nur ein toter Moslem*, steht darin, *ist ein guter Moslem*. Ich habe Angst, dass das noch einmal passiert, sagt er. Ich habe auch Angst, dass ich in der Schule verprügelt werde. Meine Mitschüler sagen, ich soll weggehen aus Dresden, zurück in die Türkei. Aber ich kann nicht weggehen, mein Vater arbeitet hier.
Er zeigt einen zweiten Brief: *Ihr werdet alle vergast*.

Sie kommen doch aus Berlin, sagt er zum Abschied zu uns, ist es da sicherer als in Dresden? Kann mein Vater da nicht arbeiten?

BERLIN

Am kommenden Montag um acht Uhr dreißig habe ich einen Zahnarzttermin, danach muss ich das Auto in die Werkstatt bringen, die Behördenpost beantworten, am Nachmittag eine Reportage abliefern, mit der ich beauftragt worden bin, um halb fünf hole ich die Kinder aus dem Hort, danach basteln wir eine Laterne, am Abend findet eine Informationsveranstaltung der Schule statt, auf die mein Sohn im kommenden Sommer gehen wird, und ich möchte mich noch mit einem Freund treffen, den ich lange nicht gesehen habe.

Gestern wurde in Schöneberg, in der Straße hinter unserem Haus, ein mutmaßlicher Terrorist festgenommen. Er soll ein Messerattentat geplant haben, für kommenden Montag.

Zum Glück wurde das verhindert, denke ich. Wie hätte ich das denn alles schaffen sollen?

HAMBURG

Die Leute verhalten sich immer roher, in den Bussen, auf den Rolltreppen, in den Warteschlangen. Und wenn man sie zur Rede stellt, sagen sie nur: *Was wollen Sie denn? Wir sind schließlich im Krieg.*

HEEDE

Wir sind im Krieg, jetzt redet auch der Papst schon davon, und mein Vater, der seine Enkel liebt, sagt, es sei wohl besser gewesen, wenn sie nicht in diese Welt hineingeboren worden wären.
Seine Augen sind wie ausgeschnitten aus einer Zeitung voller schlechter Nachrichten.

Es riecht nach Naphthalin in seinem Haus, nach Teppich, über den niemand mehr geht, nach Salbe, Blumenstrauß und zweimal gelesener Zeitung. Die Nachbarin hinterm Christstern kocht Steine für den Besuch aus der Stadt, der Sonntag kommen wird, wenn er nicht absagt, der dicke Hund bellt draußen in die Hecke, der letzte Bus fort von hier fuhr heute Morgen um sieben Uhr vierundzwanzig. Der steinerne Löwe weint in die verbeulten Kannen, der Mann der Kriegerwitwe ist noch immer gefallen, der stumme Junge noch immer ertrunken, auf dem Passbildstreifen in der Schublade macht meine Großmutter viermal das gleiche ängstliche Gesicht, und jetzt soll plötzlich wieder Krieg sein?

Da hinten wird der Himmel wieder blau, sagt meine Mutter, immer wenn es regnet. Aber ich sage jetzt:
Würdest du aufhören, mich anzulügen, bitte?
Ich bin erwachsen.

DRESDEN / BERLIN

Ich weiß, sagt mein Sohn am Telefon, *alle Menschen müssen sterben. Deswegen ist der Tod nichts Blödes.*

MÜNCHEN / PARIS

Ich war neulich im Theater, sagt der Mann, in dem Stück wurde geschossen. Und ich dachte sofort, diese Schüsse klingen nicht echt.
Sie klingen nicht so wie auf der Kreuzung, am Freitag, dem dreizehnten.

LEIPZIG

Der Polizei ist eine Maschinenpistole abhanden gekommen. Wer sie findet, solle sich umgehend melden, sagt ein Sprecher. *Wir holen sie ab.*

Auf der Wiese kreischen die Kinder.
Sie spielen Krieg.

Ratta-tatta-tatt.
Tack-tack-tack-tack.
Du bist tot.
Nein, du.

Und überall sind Gespenster.

Kreischende Kinder folgen der Feuerwehr wie dem Ausrufer eines Jahrmarkts: Es brennt in Marxloh, Hagedornstraße 26.
Aus dem dritten Stock des verfallenden Hauses dringt Rauch, die Bewohner stehen in Puschen auf dem Gehsteig, die Feuerwehrleute tragen Gasmasken.

Bombe, Bumm, sagt ein Nachbar auf dem Gehsteig. *Araber. Nicht gut. Schlecht.*

Die Kinder klettern jetzt auf dem Leiterwagen umher, der Löschmeister verscheucht sie. Seine Maske hat er wieder abgesetzt. Es hat nur ein Topf gebrannt, der auf dem Herd vergessen wurde. Der Reporter vom Lokalsender packt seine sehr große Kamera wieder ein und sagt, das hier sei keine Geschichte.

Das Leben geht weiter in der *No-go-Area*. An der Weseler Straße röstet ein Händler Sonnenblumenkerne in einem altertümlichen Ofen, und die Brautkleider in den Schaufenstern sind so weiß wie Schnee auf dem Ararat.

At Logan Airport, Nobody Saw Plane's Sharp Turn South
Flight 11
American Airlines 11
World War, Cold War. Now, the Gray War
'Everything Seemed Normal When They Left' Boston Airport
United Airlines 175
Flight 175
United Airlines 93

FRANKFURT AM MAIN

Bitte lassen Sie Ihr Gepäck nicht unbeaufsichtigt.
Im Tunnel zum Terminal 1 schläft ein Mann auf den nackten Fliesen.
Bitte lassen Sie Ihr Gepäck nicht unbeaufsichtigt.
Die Juweliere lauern hinter den Vitrinen wie Muränen.
Bitte lassen Sie Ihr Gepäck nicht unbeaufsichtigt.
Der Flug nach Beirut geht um zwölf, der nach Dresden um eins.
Bitte lassen Sie Ihr Gepäck nicht unbeaufsichtigt.
An der Passkontrolle schweben die Stempel über den Dokumenten.
Bitte lassen Sie Ihr Gepäck nicht unbeaufsichtigt.
Ein Polizist lächelt ein Kind an, eine Hand an der Dienstwaffe.
Bitte lassen Sie Ihr Gepäck nicht unbeaufsichtigt.
Wenn hier einer eine Bombe zündet, sagt einer, lernt er mich kennen.
Bitte lassen Sie Ihr Gepäck nicht unbeaufsichtigt.

LONDON / VENEDIG

Ein illegaler Einwanderer wird von England nach Italien abgeschoben, an Bord des Flugzeugs ruft er neunundzwanzigmal *Allahu Akbar.*
Siebzehnmal *Der Tod ist nah.*
Und neunmal *Wir werden alle sterben.*

Die Passagiere haben mitgezählt.

Alle Kinder weinten, steht in der Zeitung. Eine junge Frau, die sich mit ihrem Mann auf dem Weg in die Flitterwochen befand, sagt, *ich hatte Angst, nicht lebend aus diesem Flugzeug herauszukommen.*

Und plötzlich rennt ein Mann los.
Den Schrecken im Gesicht, stürzt er den Gang hinunter, die schwere Tasche wirft sich ihm in den Rücken. Jetzt beginnen auch die Leute hinter ihm zu rennen, sie sind bald eine ganze Herde, die mit ungeheurem Getrampel in Bewegung gerät:
eine panische Masse.

Die Schwachen aber, die Alten und Kinder, sie fallen ab, sie keuchen, sie erlahmen, lassen die anderen schließlich davonziehen, resignieren und ergeben sich. Sie erreichen den Zug nach Nürnberg nicht mehr, an diesem Dienstagnachmittag am Münchner Hauptbahnhof.

ist der
auch
bei uns
it Beil bewaffneter 17-Jähriger verletzt vier Passagiere eines Regionalzuges schwer und bekennt sich zum „Islamischen Staat"
Wie sich die Grüne Renate Künast ins Abseits twitterte
Niemand zeigt Verständnis für ihre Kritik am Polizeieinsatz
Seiten 2/3

DRESDEN

Vor der Frauenkirche sprechen dreitausend Menschen das Friedensgebet. Sie wollen ein Zeichen setzen, am Jahrestag des ersten Marsches der *Patriotischen Europäer gegen die Islamisierung des Abendlands.*
Auf ihren Plakaten steht *Herz statt Hetze.* Sie werden von Hunderten Polizisten beschützt bei ihrem Feldgottesdienst.

Wir waren hier. Wir waren hier. Wir waren hier.

Ein Posaunenchor spielt auf, dann singen die Dreitausend *Brüder, reicht die Hand zum Bunde.* Die Lutherstatue auf dem Neumarkt blickt in die Ferne. *Lasst, was irdisch ist, entfliehen.*

In einem Laden in der Webergasse kauft zur gleichen Zeit ein junger Mann zwei Glühbirnen und eine Gaspistole.

Viel Spaß damit, sagt die Kassiererin.
Werd ich haben, sagt der junge Mann.

Ein Polizeipferd trabt über eine rote Ampel. Der Himmel ist heute ein Caspar-David-Friedrich-Kunstdruck, der in einem Wartezimmer hängt.

JENA

Diese Ähnlichkeit zwischen mir und ihr, sagt die junge Schauspielerin, die verfolgt mich bis heute. Leute aus der Stadt, die sie vor ihrem Abtauchen in den Untergrund gekannt haben, überhäufen mich mit ihrem Wissen über sie. Wer sie war, wer sie hätte sein können, wer sie geworden ist und warum. Sie sehen in mir *die gute Zschäpe.*

Ich empfinde das als Auftrag und habe begonnen, sie am Theater zu spielen. Natürlich reicht es nicht, dass ich so aussehe wie sie. Ich habe mich gefragt, was sie von mir unterscheidet und welche Unterschiede ich auf der Bühne überwinden muss, um sie auch wirklich verkörpern zu können.
Ich bin auf diesen einen Punkt gestoßen: Beate Zschäpe hat Angst vor der Welt. Und ich muss diese Angst zulassen, so fremd sie mir auch ist.

Sie ist das Böse in Person, aber das Böse ist ein Teil von uns allen. Wir verschließen unsere Augen davor. Würden wir anerkennen, dass es auch in uns steckt, würden wir es besser begreifen.

Ich glaube, sie weint abends in ihrer Zelle. Ich habe Mitleid mit ihr.

Sie ist ein verlorenes Kind.

Es hat einen Wechsel des Feindbildes gegeben, sagt der Vertreter der sorbischen Minderheit. *Früher wurden wir von den Neonazis terrorisiert, jetzt sind es die Flüchtlinge.*
Auf dem Stromkasten in der Kurt-Pchalek-Straße steht noch *Sorben raus*, aber man kann es kaum mehr lesen. So traurig es ist, sagt der Vertreter, *wir haben jetzt erst mal Ruhe.*

Im Supermarkt steht ein junger Syrer bei den Fertiggerichten, er hat einen frischen Stiefelabdruck auf dem Hemd.

BAUTZEN

Es hat einen Wechsel des Feindbildes gegeben, sagt der Vertreter der sorbischen Minderheit. *Früher wurden wir von den Neonazis terrorisiert, jetzt sind es die Flüchtlinge.*
Auf dem Stromkasten in der Kurt-Pchalek-Straße steht noch *Sorben raus,* aber man kann es kaum mehr lesen. *So traurig es ist,* sagt der Vertreter, *wir haben jetzt erst mal Ruhe.*

Im Supermarkt steht ein junger Syrer bei den Fertiggerichten, er hat einen frischen Stiefelabdruck auf dem Hemd.

HAMBURG

Wenn ich Lastwagen sehe, sagt der afghanische Junge, denke ich daran, wie ich auf der Achse lag, auf dem Weg von Griechenland nach Italien.
Ich denke oft daran.
Es gibt sehr viele Lastwagen in Hamburg.

Ein Fünftel der deutschen Eltern, heißt es im Radio, würde sich nicht noch einmal für Kinder entscheiden. Ein Fünftel aller Kinder läuft durch die Städte und jagt Monster mit dem Telefon.

Was suchst du da im Laub, junges Ding?

Die
Blätter des
Sommers,

in dem ich

noch
keine
Angst
hatte.

Es v
Frau
pia-
als i

Die
Hän
von
wirk

Ich
Mar
sen,
Mar
gang
hier
steh
und
te v
drin

Es w
gew
sen,
getr
kom

Jetzt
Ich

Die
Lad
Opf

Der
Gib
Der
Ich

So g
Elte
nun
nach
eine
Täte
die
Hau
len.
ausg

Mei

Es war ein Dienstag gegen achtzehn Uhr, sagt die Frau, ein paar Wochen vor dem Amoklauf im Olympia-Einkaufszentrum. Ich war in meiner Wohnung, als ich draußen plötzlich Schüsse und Schreie hörte.

Die Ärmel ihrer Strickjacke hat sie halb über die Hände gezogen. Vor ihr liegt ein Schlüssel, den sie von Zeit zu Zeit greift, wie um zu prüfen, ob er auch wirklich echt ist.

Ich schaute aus dem Fenster, sagt sie, und sah einen Mann mit gezogener Waffe, der, selbst angeschossen, auf der Bordsteinkante saß, und einen anderen Mann, der schwer verletzt bei uns vor dem Hauseingang lag. Autos rasten im Rückwärtsgang fort von hier, andere ließen ihr Auto mit laufendem Motor stehen und flohen, eine Frau ließ ihr Fahrrad fallen und rannte davon, die Polizei und die Rettungskräfte versuchten, zum Ort des Geschehens durchzudringen, *es herrschte Chaos.*

Es war, wie sich herausstellte, ein Eifersuchtsdrama gewesen. Der Täter hatte etwa zwanzigmal geschossen, dabei dreimal das Opfer, seinen Widersacher, getroffen und war dann von einem zufällig vorbeikommenden Zivilpolizisten angeschossen worden.

Jetzt saß er da, blutend, und rief:
Ich bring mich um, ich bring mich um.

Die Goldschmiedin von gegenüber kam aus ihrem Laden gelaufen und versuchte, die Blutungen des Opfers mit Handtüchern zu stillen.

Der Polizist sprach mit dem Täter:
Gib auf!
Der Täter sagte:
Ich kann nicht ins Gefängnis gehen, ich habe einen Sohn.

So ging das über Stunden. Kinder waren von ihren Eltern abgeschnitten, sie waren allein in der Wohnung oder irgendwo auf der Straße, weil sie nicht nach Hause konnten. In den Nachrichten war von einem Attentat die Rede, man wisse nicht, wie viele Täter unterwegs seien. Irgendwann pirschten sich die Sondereinsatzkräfte heran, von Hauseingang zu Hauseingang, mit vorgehaltenen Maschinenpistolen. Es war, als wäre der Krieg in unserer Straße ausgebrochen.

Meine Nachbarn wissen, was ich beruflich mache. Viele riefen mich an und sagten: *Ich habe solche Angst, was soll ich nur tun?*
Ich bin Angstbegleiterin. Ich helfe Menschen, ihre Angst zu überwinden. Auch wenn ich selbst manchmal Angst habe.

Sie lächelt.

Ich habe ihnen gesagt, dass dieser Zustand nicht für immer andauern wird. Dass dieser Tag vorbeigehen wird. Es war ja gar kein Krieg in unserer Straße ausgebrochen, es fühlte sich nur so an. Es war eine Beziehungstat. Der Mann wurde schließlich zum Aufgeben gebracht und von der Polizei abgeführt.

Ich habe mich seit diesem Dienstagabend oft gefragt, warum wir immer gleich vom Schlimmsten ausgehen, warum die Angst uns so gepackt hat. So wie sie uns auch gepackt hat, an dem Tag, als der Junge im Olympia-Einkaufszentrum um sich schoss.
Wir wissen doch, dass wir verletzlich sind, dass wir sterblich sind. Aber das haben wir verdrängt. Wir wollen nicht wahrhaben, dass eines Tages unsere Energie versiegt, ob nun plötzlich oder ganz allmählich. Und wenn wir uns mal müde fühlen, nehmen wir eine Kopfschmerztablette, und schon geht es. Immer funktionieren zu wollen und auch zu müssen, das ist das Selbstbild des Menschen in unserer Gesellschaft.
Jetzt tröpfelt es, ausgelöst durch den Terror und die Berichterstattung darüber, wieder ins Bewusstsein: Wir sind angreifbar.
Aber uns fehlt die Sprache dafür und auch der Mut. Wir wissen nicht, wie wir damit umgehen sollen, dass wir Angst haben. Wir müssten diese Angst teilen, solidarisch miteinander werden. In der Angst sind wir schließlich alle gleich, eine syrische Mutter sorgt sich genauso um ihre Kinder wie eine bayerische, ein katholischer Vater genauso wie ein atheistischer. Es ist schwer für uns, uns der Angst des anderen zu stellen, weil wir dabei immer in die eigenen Abgründe blicken. Aber wir müssen es tun.

Stattdessen gibt es einen Egoismus der Angst: *Hoffentlich trifft es mich nicht, und solange es mich nicht trifft, ist ja alles in Ordnung.* Wir wollen nicht Anteil nehmen, wir wollen damit nichts zu tun haben. Wir wollen nur unsere eigene Haut retten.
Zugleich aber konsumieren wir die Angst wie einen Pornofilm. Wir erregen uns an dieser Angst, immer und immer wieder. Der Amoklauf im Olympia-Ein-

kaufszentrum hat ein paar Minuten gedauert, dann war er vorbei. In der Wahrnehmung aber nahm er kein Ende, der Junge schoss tausendmal, immer wieder, er schießt heute noch. Und weil es kein Ende nimmt, glauben wir, dass es überall und jederzeit wieder passieren kann, auch uns. Wir sehen nicht mehr, was alles nicht passiert. Wir sehen nur noch den Krieg.

Wir konstruieren uns *eine Wirklichkeit der Angst*, gerade so, wie wir Häuser bauen, ganze Städte. Wir leben darin und finden nicht mehr hinaus.

Getroffen
Ein 18-Jähriger erschießt in München
neun Menschen und richtet sich selbst.
Lieblingsbeschäftigungen
Medaillen, bitte
Olympia Die Partyaus-

FRIESOYTHE

Die Häuser in der stillen Straße klingen hohl, wenn man im Vorbeigehen gegen ihre Mauern klopft. Unter dem falschen Klinker ist etwas: etwas Altes, das versteckt wurde, man sieht es nicht, aber es ist noch da. Die Leute wohnen darin, immer schon.

WISMAR

Hinter der Gardine lauern tönerne Katzen, die Greisin schläft beim Spätfilm ein. Der Kirchturm schaut herab auf sie, als wäre er ihr Pfleger.
Die Kellnerin am Reuterhaus zieht achtzig Meter Kette durch die Stühle, eine Alarmanlage heult und hört dann wieder auf. An der Schweinsbrücke zucken unter den Kapuzen Küsse hin und her.

Es wird Nacht, geschwärzt von einem launischen Kind, wie ein Bild, mit dem es nicht zufrieden ist.

Das Dorf liegt da wie erstochen von der Straße nach Osten. Am Zaun des verwelkenden Gartens steht der Alte und winkt, als wären wir der Besuch aus der Stadt, der sich verspätet hat. Es macht ihm nichts aus, dass er uns noch nie gesehen hat.

Der Hausbesitzer, sagt er, habe ihn gefragt, ob er nicht ins Altenheim ziehen wolle, zehn Betten für Touristen passten in seine Wohnung. *Der hat auch schon die Weiden gefällt vorm Haus, aber die schlagen wieder aus. Ich geh hier nich wech. Ich bin sechsundachtzig Jahre alt, mich muss der hier raustragen.*
Vier Söhne hat er. Der Stamm der Eiche war *so*, als sie geboren wurden, sagt er und hebt den Arm, jetzt ist er *so*. Drei sind fortgezogen, zwei davon weit. Olpe, Beeskow, *wo eben Arbeet is*. Und einen, den Jüngsten, sagt er, haben die *Mestasen* aufgefressen.

Min Fruu konnt nix mehr essen, wat mitn Magen, sagt er. Als sie merkte, dass der Tod kommt, zeigte sie ihm, wie man Bettlaken wäscht. Sie kam ins Krankenhaus. Aber da, sagt er, konnten sie ihr auch nicht mehr helfen. Der eine geht früh, der andere spät. *Es is nich anners.*
Seit die *Fruu* tot ist, kocht er sein Essen selbst. Rührei, Kartoffelbrei, sonntags Tomatensalat. Als der Pfeffer aufgebraucht war, rief er die Volkssolidarität an und bestellte Essen auf Rädern. *Alleene sein is beschissen.*

Im Freibad von Stettin, sagt er, gab es vier Becken, fünfzig Meter lang, und einen Sprungturm, zehn Meter hoch. Wir gingen da gern hin, als Kinder, ins Freibad. So gern. Aber dann kam der Krieg, und alles wurde zehn Pfennig teurer.
Sein Vater war Dachdecker, die Dächer waren aus Pappe. Als die Bomben fielen, brannten die Dächer. Wie Pappe. Nichts war mehr da. Nur Asche. Man vermisst es ja doch, sagt er. Ganz vergessen *is nich drinne.*
Die Knie haben sie ihm kaputt geschossen, im Krieg, mit sechzehn, den Arm, Splitter hat er im Kopf, noch immer. Die Knie tun weh, manchmal der Kopf, wenn das Wetter sich ändert. Alles für diesen Verrückten. *Alles fürn Arsch.*
Zwei Jahre Gefangenschaft in Frankreich, *zum Glück nich beim Russen*. Dann kam er heim. Er ging die Straße entlang, auf der einen Seite, auf der anderen kam ihm die Schwester entgegen. *Wat ne Freude,* sagt er. Dann sah er die russischen Panzer.

Er war Maurer, und einmal, in der Mittagspause, kam ein Anruf. Er spülte das Geschirr ab und stellte es beiseite. *Min Mudder geht's schlecht*, sagte er zum Kollegen und fuhr hin. Als er ankam, war sie tot.

Die Kumpels sind fort, die Kollegen, die Söhne, *min Mudder, min Fruu. Man kommt nich mehr zusammen, sagt er, alle sind wech.*
Ich heiße Günther, sagt der Alte, *schreiben Se mir doch mal ne Postkarte.*

Laub, Stille, Milch.
Er wird sich nie mehr fragen, was die Mehrzahl von irgendwas ist.
Dunkelheit, Durst, Günther.

POINT ALPHA

ATTENTION, steht auf dem rostigen Schild, *50 METERS TO BORDER.*

Hier ragte das Gebiet des Warschauer Paktes am weitesten in den Westen hinein, hier öffnete sich die *Fulda Gap*, hier hätte die erste Schlacht des nächsten Krieges stattgefunden: auf dem Feld zwischen Rasdorf und Geisa.

Die Bedienung im Lokal in Baracke zwei stammt aus dem östlichen Dorf, sie wohnt noch immer dort. *Damals hätte ich mir nicht vorstellen können,* sagt sie, *dass ich mal hier arbeite, beim Amerikaner.*
Über den alten Grenzstein springt ein Junge, *guck mal, Papa,* ruft er, *jetzt bin ich in der DDR.* Die Wachtürme stehen sich gegenüber wie verfeindete Cousins auf einer Beerdigung, ein Hund aus Stein späht blind nach Westen.
Jetzt komm, sagt der Vater, *wenn wir schon mal hier sind, gehen wir auch ins Museum.*
Im alten Zelt schläft eine Soldatenpuppe mit offenen Augen, auf der Landkarte im Schaukasten stehen sich die Spielzeugpanzer gegenüber. *Im Ernstfall,* sagt die Führerin und malt mit dem Finger einen großen Kreis aufs Glas, *wäre hier nichts übrig geblieben.*

Nichts.

Die Besucher schnaufen.

Hinter dem Rößberg versinkt die Sonne. Die Bedienung aus Baracke zwei geht zu Fuß heim, ins Tal nach Geisa, über das Feld.

FUCHSTOBEL

Auf dem Geschwindigkeitsmesser am Ortseingang leuchtet ein trauriges Mondgesicht. Die Häuser, die Bäume, die Schilder: Alles wurde von einem strebsamen Kind nach Farben sortiert. Am Gasthaus Zweifel geht ein Greis spazieren, er trägt einen Helm auf dem Kopf.
Jemand hat versucht, das Hakenkreuz an der Bushaltestelle abzuschrubben. Es ist jetzt weiß und nicht mehr schwarz.

hen
fall,
gro-
n.

die-
Tal

Das
ist i
im A
gest
Leu
dass
das
man
scha
Ges

ANGST.
ANGST.
ANGST.
ANGST.

Das Geräusch, das überall ist in diesem Land: Ein Lied im Autoradio, das ganz leise gestellt ist, während die Leute an der Ampel warten, dass es weitergeht, dass all das endlich aufhört, und man hört nur noch das scharfe ... *S* im erstickten Gesang des Schlagerstars.

... *S* .
... *S* .
... *S* .
... *S* .

ANGST.
ANGST.
ANGST.
ANGST.

Di
Le
W
ei
Do

Er
Va
Do
hä
in

Ü
te
ne
le
ne
au
wi

Au
ma
Di
Te

WUNSTORF

Die Trauergemeinde macht sich auf den Weg zum Leichenschmaus. Eine Schiefertafel weist ihnen den Weg ins Gasthaus. Ein Pfeil ist darauf gemalt und ein Name, es wird der des Verstorbenen sein: *Meier*. Der i-Punkt, er sieht aus wie ein gebrochenes Herz.

LEIPZIG

Er passe auf, dass ihm nichts geschehe, sagt der Vater zum Sohn. Er sei in Sicherheit.
Der Junge schaut zweifelnd drein, gerade so, als hätte er zum ersten Mal erkannt, dass er überhaupt in Gefahr schwebt.

BERLIN

Über den Alexanderplatz laufen Tauben, im Schatten des Ahorns schläft ein betrunkener Fakir auf einem Gitterrost. Der Dorn seines Gürtels steckt im letzten Loch, seine Beine bewegen sich wie bei einem Hund, der vom Jagen träumt. Kinder springen auf dem Trampolin, sie fliegen hoch und stürzen wieder ab.

Auf einem Schild an der Wand steht *Menschenmuseum*. Die Tauben laufen zur Tram, als hätten sie einen Termin.

Die Mutter sitzt auf einem Sofa im Wohnzimmer des Hauses, in dem an einem Wintertag vor fünfundzwanzig Jahren ihre Tochter stürzte und nicht wieder aufstand. Sie erzählt davon, als würde sie ein Buch zusammenfassen, das von ihr handelt.

Geh schon mal runter und zieh dir die Gummistiefel an, sagte ich zu ihr. Wir wollten gleich losfahren zum Kindergarten.
Sie ging, und ich hörte, dass sie die Treppe hinunterfiel.
Ich rief ihren Namen.
Sie antwortete nicht.

Sie hatte eine Hirnblutung erlitten.

Im Krankenhaus sagten sie, dass sie umgehend operiert werden müsse. Sie hatte lange Haare, die wurden ihr abgeschnitten. Ich sehe die Haare noch auf dem Tisch liegen, die schönen, langen, braunen Haare.
Sie bezifferten ihre Chance zu überleben auf zwanzig Prozent.

Mein Großvater hatte immer gesagt, der liebe Gott mutet dir nichts zu, was du nicht aushältst. Aber ich wusste, *es geht was in mir kaputt.*

Ich schlief sechs Wochen an ihrem Bett, sie lag im künstlichen Koma. Einmal war ich drauf und dran, die Beatmung abzuschalten, ich ertrug es einfach nicht mehr. Ein Pfleger hielt mich ab und schickte mich nach Hause.

Als sie erwachte, war nichts mehr da. Sie erkannte mich nicht, sie konnte nicht sprechen, sie konnte nichts. Sie war nicht mehr mein Kind. Ich dachte, ich hätte sie verloren.

Natürlich ist sie noch mein Kind, sagt die Mutter schließlich und lächelt. Das wusste ich damals nicht, jetzt weiß ich es. Da läuft Blut ins Gewebe, aber kann das denn eine Seele zerstören? Ich glaube nicht.

Sie geht gern zu ihrem Großvater und hilft ihm beim Kochen. Sie ist stolz darauf, dass sie eine Arbeitsstelle hat. Wenn sie *Bambi* im Fernsehen sieht, weint sie.
Aber sie weint nie über ihr Schicksal. Sie kann sich an die Zeit vor dem Hirnschlag erinnern, aber sie empfindet keine Wehmut. Sie ist sich ihrer Behinderung bewusst, aber sie belastet sie nicht. Sie hat keine Angst. Nicht vor Anfällen, nicht vor der Zukunft, nicht vor Armut, nicht vor dem Alter, nicht vor dem Terror, nicht vor dem Krieg. Vor nichts.

Sie ist dumm genug, um glücklich zu sein.
Ist das nicht beneidenswert?

unft,
dem

Beu
Fäh
den
Übe

Vor
ich i
Leb
Kost
Und
lich
Das
Geb
uns
brec

Der
sein
ins

Rec
villo
Rau
auch
er e

Der
mei

NORDERNEY

Beug dich nicht so weit über die Reling, sagt auf der Fähre die Mutter zu dem Kind, sonst wirst du von den Quallen gefressen. Sie selbst sitzt die gesamte Überfahrt lang angeschnallt in ihrem Auto.

MÜNCHEN

Vor ein paar Tagen, sagt die Angstbegleiterin, saß ich in der S-Bahn und sah zu, wie die Menschen ihr Leben absolvieren. Keine Stunde ist ihnen mehr kostbar, alle Stunden sind gleich. Alles ist Alltag. Und da dachte ich: Eigentlich gibt es gar keine Wirklichkeit.
Das einzig Wirkliche in unserem Leben sind die Geburt und der Tod. Und alles dazwischen ist von uns gebaut. So dürftig, dass es jederzeit zusammenbrechen kann.

BIELEFELD

Der alte Mann hat Abschiedsbriefe auf die Tische seiner Kinder gelegt, seine Tasche gepackt und ist ins Krankenhaus gegangen, um zu sterben.

Rechts vom Eingang sitzen Patienten in einem Pavillon und ziehen ihre Diagnosen auf Lunge. *Das Rauchen,* sagen sie, *können uns die Professoren nicht auch noch verbieten.* Sie warten auf den Tod, als wäre er ein Bus, das Sputum vor den Schuhen.

Der alte Mann liegt auf Station vier, er ist der Vater meines Freundes.

Hast du Angst, fragt der Sohn, am Bett sitzend.
Ja, vor Gott, sagt der Vater, das Sprechen kostet ihn Kraft, er schließt die Augen.

WARUM VOR GOTT?
WARUM DENN NICHT.
—

Der Tod kommt wie ein Bus. Da, hinter der Ecke, Richtung Vorstadt: Man kann ihn schon hören.

MÜNCHEN / PARIS

Ich habe Mitleid mit den Attentätern, sagt der Mann. Sie sind in der Früh aufgestanden in dem Wissen, dass sie am Abend tot sein werden.
Was muss das für ein Leben sein, das ihnen weniger wert erscheint, als sich vor einem Fußballstadion in die Luft zu sprengen?

KÖLN

Vor dem Dom fotografieren sich die Leute selbst, um sich daran erinnern zu können, dass sie sich nicht erinnern können. Die Tauben suchen den Boden ab, als hätten sie etwas verloren.
Der Becher der Bettlerin ist leer.
Unten auf der Platte umringt die Polizei zweihundert Kongolesen. Sie demonstrieren gegen den Krieg in ihrer Heimat.
Schauen Sie auf Ihr Telefon, ruft ein Redner, da ist Coltan drin, dafür sterben im Kongo Menschen. Warum können Sie in Frieden leben und wir nicht?

Am Seitenschiff stehen die Zeugen Jehovas und halten ein Schild hoch: *Hat Jesus wirklich gelebt?*
Die Bettlerin teilt eine Scheibe Brot mit den Tauben.

SANGERHAUSEN

Die Häuser stehen da, als wären sie gestern abgestellt worden und würden morgen wieder abgeholt, Pakete, die niemand entgegennehmen will. Abraumhalden ragen am Straßenrand gen Himmel, Hochsitze warten im Nebel auf einen Befehl.
Die Angst ist zur Landschaft geworden. Nächste Ausfahrt: *Eisleben.*
Lass sie vorbeiziehen, sagt mein Freund, lass sie vorbeiziehen. Und ich lasse sie vorbeiziehen. Wie den Geburtstag eines entfernten Bekannten.

HEEDE

Nächstes Jahr wird mein Vater achtzig, er war einmal so stark, dass er mich in den Himmel werfen konnte, jetzt ist die Pumpe schwach, Baujahr siebenunddreißig.

Wir sind im Krieg,
steht in der Zeitung, in Buchstaben so groß wie auf dem Grabstein eines bedeutenden Mannes.

Ein Junge, acht Jahre alt, mein kleiner Vater, war im Krieg, die Häuser waren zerstört, mit Löchern, die klafften wie klagende Mäuler, die Nachbarn zu Puppen geschmolzen, gestern haben sie doch noch gegrüßt. Wir waren später mal da, ein Ausflug an einem Sonntag, *hier lagen sie*, sagte er, dann aßen wir Kuchen in einem beinah leeren Lokal.

BERLIN

Eine Frau, sie ist fünfzig oder sechzig, ihr zu einer Maske des Widerstands gegen das Leben gewordenes Gesicht könnte auch tausend Jahre alt sein, sie leuchtet mit einer Taschenlampe in eine Mülltonne. Der Kinderwagen, den sie bei sich führt, ist voller Flaschen, überladen mit Luft, umhüllt von Plastik und Glas.

Sie findet eine Flasche, halb voll mit Wasser, sie schraubt sie auf und wäscht sich die Hände mit dem Rest, erst die eine, dann die andere, mit den schnellen, sicheren Bewegungen eines Fuchses an seiner Beute. Dann sortiert sie die Flasche in das Register der anderen ein und geht davon, den Kinderwagen schiebend.

Auf einer Bank etwas abseits sitzen die, die auf die Straßenbahn warten, und schauen ihr nach, aus Augen wie vernagelte Fenster.

MÜNCHEN

Wie öffne ich mein Herz für das Leid eines anderen? Dafür gibt es kein Unterrichtsfach, sagt die Angstbegleiterin.
Wir müssen es unseren Kindern selbst beibringen. Wir müssen sie rüsten für den Horror, der auf sie zukommt. Wir müssen ihnen möglichst viel Gutes mitgeben auf ihren Weg.
Und dann sagt sie, als wollte sie Gespenster bannen:

Nicht müde werden.
Bloß nicht müde werden.

+ HILFE + BERG
MIGRATION + H
+ SUCHT + PRÄ
SCHWANGER +
+ NOT + RUF +
HAUS + ERDBEB
+ SERVICE + ME
PRÄVENTION +
+ BABYSITTER +
HILFE + BLUT +
ALTER + PFLE
TRANSPORT + F

DIENST + MOBIL
WACHE + KREBS VORSORGE +
JUGEND + CLUB
BESUCHEN DIENST +
ERZIEH HILFE HAUS
TTER + KIND KUR + KRANK +
+ WIEDERAUFBAU + EINKAUFEN
KAMENTE + PAKET + GEWALT +
GEND + SOZIAL + ARBEIT + FSJ
AUSBILDUNG + NOT + SOFORT +
PENDE + KATASTROPHE + HILFE
+ FINANZEN + RAT + KRANK +
MILIE + BILDUNG + KIND + KITA

BERLIN

Am achtundsiebzigsten Jahrestag der Pogromnacht veröffentlichen Neonazis eine Liste von siebzig jüdischen Geschäften und Einrichtungen in der Stadt im Netzwerk. Dazu schreiben sie *Heute ist so ein schöner Tag* und *Juden unter uns.*

Er habe heute seine kleine Tochter im Arm gehalten, schreibt der Gründer des Netzwerkes dort am selben Tag. Er habe dabei an all die Arbeit gedacht, die vor uns liege, *um die Welt für unsere Kinder zu einem besseren Ort zu machen.*

Wir haben die Pflicht, es zu tun, schreibt er. *Lasst es uns anpacken.*
In der Liste der Neonazis sieht er keinen Verstoß gegen die Richtlinien seines Netzwerkes.

JENA

Als die Schauspielerin, die wie die mutmaßliche Rechtsterroristin aussieht, einmal eine Bäckerei betrat, sagte die Verkäuferin zu ihr:

Da ist sie ja wieder, unsere Beate.

ERFURT

Ich denke an den Koffer des alten Mannes, der neben seinem Schreibtisch steht, den er nur greifen muss, um das Land zu verlassen.

Papiere, Seife, eine Zahnbürste und Geld.
Ein Erbe seiner selbst.

Nach Norden würde er gehen, im Fall des Falles, sagte er. Dort sei es sicherer, dort seien weniger Menschen.

Die Kälte, der Schnee, die Leere. Nach Norden, sagte er. Immer weiter nach Norden.

D
vo
te

D
Lo
ve
Ko
di
Kl
de
se
Ke
D
M
an
ei
ur
W
de
Li
m
Fr
O
de
de
ei

Al
ei

U
U
st
an
di
D
ei
di
D
di
ni
ur

6
H
fa
fü
ur
ko

Ich stelle den blauen Koffer ab.

Drei Monate lang sind wir durch ein Land gereist, vor dem und um das wir Angst haben. Und wir wollten wissen, warum.

Die Antwort stand auf der beschlagenen Scheibe des Lokals in Bielefeld: *HAPPY*, ein Wort, das langsam verrann, wie Tränen, wie Zeit. An der Wand des Korridors in Neukirch: die dürre Sonne, die Familie, die sich bei den Händen hält, gemalt von einem kleinen Mädchen mit einem Bleistift. Sie stand in den Narben des jungen Kurden, auf seinem Rücken, seiner Leiste, seinem Hals, eine Prophezeiung in Keilschrift. In den Drohbriefen, die der Imam in Dresden erhielt: *Nur ein toter Moslem ist ein guter Moslem.* Im Formular, das sein Sohn auf dem Fundamt ausfüllte: ein Rucksack, schwarz, und vorn ist ein Astronaut drauf, verloren in der Linie vierundneunzig, letzten Dienstag um halb zwei, fünf Wochen nach dem Bombenattentat auf das Haus, in dem er wohnt. Auf den Wahlplakaten in Rostock-Lichtenhagen. Im Himmel über Barßel, einem Himmel voller Krähen. In den abgenagten Knochen der Frau und ihres Hundes in Weiden, ein chinesisches Orakel. In den Morsecodes der zitternden Hände der Gustloff-Überlebenden, einer Depesche aus dem Februar 1945. Es stand in der Zeitung, in einfacher Sprache: *Wir sind im Krieg.*

All das stand dort wie die Absätze im ersten Kapitel einer Geschichte der Zukunft.

Unlängst erzählte mir eine Freundin, wie sie in der U-Bahn-Station eine Frau sah, die auf ein Plakat starrte. Als sie sich ihr näherte, drückte die Frau sich an ihre Seite und sagte: *Kann ich bitte ein Stück mit dir gehen? Ich werde von drei Männern verfolgt.*
Die Freundin begleitete sie nach Hause. *Wir müssen einander helfen,* sagte sie hinterher, *gerade jetzt, in diesen Tagen.*
Das Selbstverständliche ist zum Widerstand gegen die Verrohung geworden, zum Licht in der Finsternis. Wir befinden uns im Ausnahmezustand. Wobei unklar ist, wovon dies noch die Ausnahme sein soll.

644.000 Kilometer Straße enden nun vor dem Haus, in dem ich wohne, es ist ein später Abend Anfang November des Jahres 2016. Ich wundere mich für einen Augenblick, dass das Haus noch dasteht und wie es dasteht. Müsste es sich nicht ducken? Es kommt mir beinah überheblich vor.

Ich stelle den blauen Koffer ab.

Die Wohnung ist still, die Fragen hallen wider.

Ist es gut, oder ist es schlecht, dass es so still ist?

Sind die Gespenster jetzt fort?

Geht es euch gut?

Warum sollte es uns denn nicht gut gehen?

Ich konnte doch nicht schwimmen, verstehen Sie?

War das Licht an?

Hatte es jemand ausgeschaltet?

Oder ausgeschossen?

Haben wir das wirklich erlebt?

Was war das, der Ernstfall?

Wollten diese Männer dich töten?

Warum sollte Gott ausgerechnet mich beschützt haben?

Wir. Sind. Im. Krieg. Warum, Papa?

Und was ist das denn eigentlich: Krieg?

Aus dem Kinderzimmer höre ich meine Tochter und meinen Sohn, wie sie einander eine gute Nacht wünschen.

P